【文庫クセジュ】

サルトル

アニー・コーエン=ソラル著
石崎晴己訳

白水社

目次

ここに、クリスチャン・バックマン、ジャクリーヌ・コーエン＝ソラル、ジャン・クロニエ、ジュリエット・シモンの諸氏に感謝の意を表するものである。彼らの協力がなければ、この仕事は不可能であっただろう。

ニコラ・グリマルディに捧ぐ

序

「あなたの読者というのは、どんな人たちですか？」と、サルトルに訊ねた人がいる。答えは、「学生、教員たち、本を読むのが本当に好きで、読書という悪徳を持っている人びと」であった。

クセジュ叢書に入るというのは、きっとサルトルにとっても気に入ることだったろう。彼は一九四〇年二月のある日、日記のなかで自分の法外な知的計画を冷徹に宣言している。「私は世界を所有したい。（……）しかしその所有は特殊な型の所有だ。認識としての限りで世界を所有したいのだ（……）。そして私にとって、認識とは、我有化〔我がものにすること〕という魔術的な意味を持っている」[1]。

（1）参考文献48、四八七頁〔邦訳二九七頁〕参照。

クセジュ叢書に入るというのは、きっとサルトルの気に入っただろう。自分の作品群全体の読書案内となるような、総論的入門書のなかに凝縮されるというのは。さらに、そのようにして広範な読者層に向かって紹介されることによって、彼を読み、ついで彼に反撃し、彼を乗り越えるための手段を読者に提供するという、まさに彼一流の弁証法的関係を読者とのあいだに持とうと試みることは、彼の気に入ったただろう。本を読むという現象について質問されたとき、彼は単刀直入にこう答えている。「（読者は）われわれを作りだし、われわれの用いた言葉で自分自身に罠を張る。読者は能動的であり、われわれを乗り越える。われわれがものを書くのは、そのためなのだ」。

だから、生誕一〇〇年の年にあたり、面目を一新したサルトルにとって、こうしてクセジュ叢書に入ることは、消え去る前にもう一度、新たな読者層を獲得する遠征、つまりあの「本を読むのが本当に好きで、読書という悪徳を持っている人びと」を征服する旅に出る機会であり、そうした人びとが仕掛けた罠にすすんでかかり、己の言葉を贈与する機会にほかならない。

第一章　ティヴィエ、モントリオール、ブラジリア
——国内では意趣返し、国外では必須の典拠

二〇〇四年六月二十二日、パリ第八大学の大講堂で、国外から来訪した二人の哲学者、アンタナス・モクスとコーネル・ウェストが、学長ピエール・リュネルの手から名誉博士号を授与された。前者はコロンビア人で、大学の学部長を経て、ボゴタ市長になった人物であり、後者は、アメリカ合衆国生まれで、プリンストン大学で教鞭を執り、アフリカ系アメリカ人共同体の思想家のなかで最もカリスマ的な人物の一人である。彼らは二人とも、その受理演説のなかで、当然で必然的な典拠として、サルトルを引用した。モクスは、新たな文化的相互依存関係の名において、ウェストは、ポスト・コロニアル時代の名において。この二つの方向は、余人に先駆けてサルトルが概略を示し、ついで思考した方向にほかならない。この二人の哲学者にとって、サルトルは日常的な典拠となっており、もしかしたら「倫理的羅針盤」と形容しうるほどであると言えるかもしれない。ところがフランスではそんなことはない。私

が本書をこのような場面から始めることを選んだのは、サルトルの作品の受け止められ方には、フランスと外国とでは奇妙な隔たりがあることを、私は長いあいだ疑問に思っていたからである。わが国では長いあいだ激しい批判を浴びつづけているのに対して、国外ではサルトルは必須の典拠なのだ。

事実、一九八〇年、サルトルの死の数カ月後、私がサルトルの伝記という計画に乗りだしたのは、アメリカの出版社の依頼からであった。当時、そんな計画に熱狂する者はフランスにはあまりいなかった。嘲弄や意趣返し、気詰まりな沈黙、不快感、こうしたものがサルトルに関して最も頻繁に見られた態度で、まるでサルトルを完全に排除してしまうのが良いのか、それとも「代わりを探す」べきなのか、よくわからないとでも言うようだった。「被告人サルトル」という表題のアンケートで、『コティディヤン・ド・パリ』紙は、一五人ほどの知識人に、「貴方の考えでは、サルトルの政治的誤りのうち最も重大なもの一〇件はどれですか」と質問していた。そして彼らは各人各様のリストを開陳した。サルトルは一九三三年にベルリンで「誤りを犯した」、一九四四年にパリで、一九五四年にモスクワで、一九六〇年にキューバで、一九七〇年にブーローニュ・ビヤンクールで「誤りを犯した」といった具合だ。そして各人が「悪しきサルトル」を揶揄したのである。すなわち、〔ベルリンで〕ナチス親衛隊の行列を目にしても反応しなかったサルトル、南部地帯に移動して活発なレジスタンス・グループに加わることをせずにパリに居残ったサルトル、「ソ連における言論の自由は全面的である」と書いたサルトル、カストロ政権を称賛したサルトル、もしくは〔パリ西南のブーローニュ・ビヤンクールで〕不様な恰好で樽の上に乗り、ルノー公社の労働者たちに向かって演説するサルトルである。

しかし政治において「誤り」と名付けられるのは、どういうものなのだろう。「誤り」という言葉を用いたということは、永続する最終的な真理、プラトン的な真理の存在を前提としていたということではないのか？ サルトルはもっぱら世界を注釈することにのみ閉じこもっていたわけではけっしてない。他の場所へと赴き、警報を発し、憤激したのだ。だとするなら、周知の通りの有為転変に対して、過去を振り返って判定をくだす検閲者よろしく採点を行なうという権利をぬけぬけと主張する、などということがよくできたものだ。それではいったい、あの奇妙な要求は何を基準とするものだったのか？「良き」サルトル、つまり誤りなき不謬のサルトル以外には、ないではないか？ なぜこのような部族同士の食人のようなことが猖獗を極めるのか？ 政治における真実とは、実践の側にあるものでもあると私は考えるし、それはサルトルが不断に主張して来たところだ。彼は、コンセンサスと体制順応主義に抗して、各人が独自の探究を行なうべしと説いた人ではなかったか。そして自分の周りに人が築き上げた思想の師という役割から、是が非でも逃れようと試みたのではなかろうか？ それこそが当時、彼にとって最も悩みの種だったのである。

『マタン・ド・パリ』紙は『マタン・ド・パリ』紙で、「サルトル以後は、だれだ？」というタイトルを掲げた。そしてフランス知識人のなかで、今後サルトルのあとの空席に就こうとするかもしれない者たち（ブルデュー、デリダ、レヴィ＝ストロース、フーコー、ドゥブレ、など）のポートレートを紹介した。これではまるで、サルトルがその文学作品や、数多の論説や論文や、公的な介入や、態度表明や、直観や、アンガジュマン〔政治的社会参加〕や、二十世紀に刻印を刻んだ悲劇的な政治的出来事（戦争、ナチズム、対独協力、拷問、植民地主義、人種差別、など）に対するそのときどきの告発、こういったものの過程で徐々に獲得してきた象徴的権力は、これらの人物のいずれかに委譲することのできる職務のようなものにすぎなかった、ということになってしまうではないか。サルトルが死んでからこの方、彼の亡霊がフランス思想に付きまとい、規則的な周期で昔の論争を再燃させ、まるで首脳会談のようにサルトルにもお声が掛かるという事態が続いているのは、どうしてなのか。彼をさんざん打ちのめしながら、まったく同時に彼を保護し保存しようとするこうした二重の動きで、彼らはいったい何を探し求めているのか。

サルトルの死ののちに浮き彫りにされたこの奇妙な依存関係は、われわれが彼を乗り越えることができないということの明らかな印であると、私には思えた。政治的なことがらに対するフランス知識人の全能の力は、彼の死とともに決定的に過去のものとなってしまったのであり、ああした論争はどれもこれもそのことの徴候にすぎないと、私は感じていた。われわれは、彼とともに、ヴォルテール、ユゴー、ゾラを一緒くたにして葬ってしまったのだ。ではいったいサルトルは、彼ののちにはもはや何ぴとも就くことのできないどのような席についていたのだろうか。彼の死によってもはや取り戻すことのできなくなったどのような権力を、サルトルは手中にしていたのだろうか。苛立ちや批判という形を取っていたのは、〔サルトルの死によって〕失われた権力へのノスタルジーだということを、なぜだれも認めようとしなかったのか。ああした攻撃の激しさの陰に、深層の苦悩、正体不明の、執拗に続く無気味な苦痛がどれほど潜んでいたかを、なぜ理解しようとしなかったのか。それは〔サルトル風の〕預言者知識人の危機の苦しみであり、新たなカリスマ性の出現の苦しみなのである。このように問いの位置をずらすことによって、もしかしたらもう一度問いを豊かにする可能性があるのではなかろうか、と私は考えたのである。

一方、『デバ』誌は『デバ』誌で、「サルトル、その死後五年」と題する総決算を行ない、何人かの哲学者たちに「その死後五年のいま、われわれとサルトルとの関係はどうなっているのだろうか」という質問に答えるよう要求した。「彼を引用する者はほとんどいない」と、最初の論者は書き、二番目の論者は、「知性を愚行に親しませようとする執拗な傾向」を批判して、「あの作家には関心がない……」と断言した。また三番目の論者は、「この数年間、私はサルトルの本を開いたことがない」と認めていた。要するに死後五年経っても、相変わらず彼のあら探しをやっていたわけである。

以上が、サルトル死後数年間における——この間、私は調査を続けたのだが——フランス知識人についての、何とも寂しい実態であった。一般大衆の側では、事態はさらに悪かった。一九八五年九月のある日、私はティヴィエ市でのサルトル記念プレートの除幕式に招待された。ティヴィエは、ペリゴールの町で、サルトルの父、ジャン＝バチストの出生の地であり、サルトル自身も幼少期に何度かヴァカンスを過ごしていた。ところが私は意外にも、サルトルに対する敵意が消え去っていないことを思い知らされたのである。人びとは一人ずつ市議会議場に入って来て、自分の本に署名をして貰うと、そそくさと立ち去るのだった。私が駅に戻った頃には、どの家のカーテンも引かれていた。みんな自宅に帰っていたのである。「あんな与太者に敬意を表することなどない！」と抗議する匿名の電話が、その数時間前にあったくらいだ。

同じ時期に、私はあちこち飛び回り、調査を続けていた。サルトルがした旅行の跡を辿り、証人たちを探しだしたのだが、大抵の場合、感謝の念と、サルトルに対する恩義の気持に出会って、私は心を打たれるのだった。たとえば〔カリブ海の〕アンチル諸島では、サルトルの死に際して大量の新聞雑誌が特集を組んだことを私は知らされたが、マルチニックのクレオール語新聞『グリフ・アン・テ』は「サルトル、マル・ネグ」という表題を掲げていた。それはほぼ「偉大な人」、「並外れた人物」、「いい奴」というほどの意味である。同様に、私の本〔『伝記サルトル』〕の刊行後、これを翻訳刊行した国々を一つ一つ訪ねる旅を私は企てたが、そこで私は、サルトルのカリスマ性は無傷のまま残っており、彼への恩義の感情も無傷のまま維持されていることを、確認するに至った。この四年間にわたる文学行脚の特徴を集約的に示す重要なモメントは二つある。一つは一九八五年十一月、モントリオールでのこと、もう一つは、一九八六年九月、ブラジリアでのことである。私の『伝記サルトル』の刊行から数週間後に私が書いたいくつかの文は、こんにち読み返してみると、実に面白い。

「モントリオール、一九八五年十一月十四日、木曜。

昨日、レストランで、作家アンドレ・マジョールが最初のヒントを与えてくれた。『私が一九五五年に、ユード会〔イエズス・マリア会〕の中学から退学させられたのは、サルトルのせいなのです。イエズス会の学校に入れなかったのも、やはり彼のせいです。私が日記のなかで『出口なし』について触れていたからです……』。ここではサルトルに関して、いくらでも証言が出てくる。しかもどれもが一致しているのだ。二五年近くものあいだ、宗教学校の禁書目録に載せられていたため、サルトルは堕天使《リュシフエール》になり、アンチ・クリストになり、無神論者そのものとなった。昨日はオタワで、今日はケベック市で、私はまるで二五年前のパリでそうだったはずの、麻酔をかけてやりたいサルトルに再会したのだ。『神父たちを困らせてやるために、私は『魂の中の死』を小脇に抱えて散歩したものです』と、TNM〔国立音楽劇場か〕の支配人は語った。アレクシス・クリモフはといえば、今日、『私のサルトル哲学講義は、一九五四年に、危うくトロワリヴィエール司教に禁止処分を食うところでした。まるで私がポルノの話をしようとしている、とでも言わんばかりでしたよ』と述べた」。

ここでは知識人たちは、サルトルを必要不可欠な人物にしているあの力強さ、必要な神話というものの力強さを、解放の思想の力強さを、サルトルに取っておいてくれたのだ。

それから数カ月後、〔ブラジルの〕サルネイ大統領はブラジリアで私に謁見を許してくださった。サルトルに対する公式の敬意の表明と恩義への思いの表現の機会になると願ってのことだった。文化大臣のセルソ・フルタドも陪席したが、彼は学生時代に、一九六〇年のサルトルのあの忘れがたいブラジル旅行の際に、レシフェでサルトルを出迎えた人物だった。このブラジリアでの大統領謁見と、モントリオールでの歓迎とは、私にとって、ティヴィエの町で浴びせられた侮辱の言葉に対する皮肉な対位法となったのである。『サルトル伝』の刊行後四年間にわたって行なった旅のあいだ、私が訪れた国の作家たちはいずれも、熱心に語り、証言し、サルトルの作品を称賛しようとした。それはブラジルでは、ジョルジェ・アマードであり、アルゼンチンでは、エルネスト・サバトであり、ペルーでは、マリオ・バルガス・リョサであり、アメリカ合衆国では、アーサー・ミラー、スーザン・ソンタグ、エドワード・サイードであり、日本では、大江健三郎であり、イングランドでは、ジョージ・スタイナーとサルマン・ラシディであり、イスラエルでは、アモス・エロン、ダヴィッド・グロスマンであり、ポーランドでは、アダム・ミシュニックであり、ドイツでは、ハンス・マグヌス・エンツェンスベルガーとユルゲン・ハーバーマスであり、スウェーデンでは、ヤーン・ミュールダールであり、イタリアでは、ウンベルト・エーコとアルベルト・モラヴィアである。確かに、東ヨーロッパとアラブ諸国の何人かの作家からは、歯軋りも聞こえた。「最晩年には、彼のイスラエルへの献身は他のすべてを凌駕していた」と、パレスチナの政治学者、ナフェズ・ナザルは分析した。しかし、収支決算をするなら、結果は全体として大幅に黒字となっていたのである。

第二章　サルトルという企てへの包括的アプローチのために

フランスでの〔サルトル死後の〕大混乱には、私も無関心ではいられなかった。私自身は、サルトルに意趣晴らしをしなければならない必要はけっして感じなかったので、私は「良きサルトル」と「悪しきサルトル」を対比させようとしたこともなかった。逆に、さまざまの矛盾を抱え、馬鹿正直さ、熱中、勇気、熱狂、気前の良さも込みの「まるまる全体としてのサルトル」に関心が向いていた。だからサルトルの作品系全体を一つの全体として扱うことが緊急の課題であって、その作動法則を理解し、サルトル的行動様式の文法をそこに読み取ること、それが無理なら、せめてその鍵をいくつか発見することができるのでなくてはならないと、確信していたのである。しかし増殖しさまざまに形を変えるこのような作品系を、どうやって把握したら良いのだろうか。あらゆる領域のエクリチュール（長篇小説、中編小説、哲学、演劇、映画、伝記、自伝、批評、ジャーナリズム的ルポルタージュ、シャンソン、など）に手を染め、あらゆる国のあらゆる読者層――一般大衆から大学人まで――を相手にしたこの作品系を。それゆえにそれは、それを掌握しようとするいかなる試みをもすり抜けてしまうように見えたのである。

そのころある予期せざる現象が突発し、サルトルの作品系の包括的アプローチはさらに難しくなってしまった。サルトルの作品は、その著者の死後、まるで鎖を解かれたかのように、新たな生を生き始めたのである。人に寄贈されたり紛失したりして、忘れられていた、未完の原稿がいくつも刊行されたためである。『戦中日記――奇妙な戦争』、『カストールとその他何人かの女たちへの手紙』、『倫理学ノート』、『真理と実存』、『弁証法的理性批判 2』であり、さらに続けて「プレイヤード」版『小説集』、『シナリオ・フロイト』、『青少年期著作集』が出た。このリストにさらに、シモーヌ・ド・ボーヴォワールの『別れの儀式』を付け加える必要がある。その本文のあとには長大なサルトルとの対談が続いていた。「三年間で本が五冊」と、ミシェル・コンタは『ル・モンド』紙上で改めて指摘した。まさに妥当な指摘である。そしてこの墓の彼方での生産性にある種驚嘆の念を隠し切れない様子だった。それはほとんどスポーツの大記録達成のようなものではあるまいか。死んだ作家が、生前よりさらに多産であるなどということを、どうやって為し遂げることができたのだろうか？

とりわけ『戦中日記――奇妙な戦争』が私には気に入った。一九三九年から四〇年に書いたこの日記のなかで、サルトルは自分の人格の解読と透明性という厳しい作業を毎日毎日己に課していたのだ。テクストとしては不均等で、実に退屈なページもあるが、サルトルというものの作動の仕方、ものを考えるそのやり方の深層を明るみに出す、えもいわれぬ頁もある。「口喧嘩で間違ったことを言ったときには、私は進んで間違いを認めるのだが、そのあと相手が、こちらがこうやって白状しているのに、なおも私を非難しつづけるのには、腹の底から驚いてしまうということがあった。こう言ってやりたいところだ。『ちょっと待ってくれよ。それはもう私じゃないんだから。もう同じ私じゃないんだから』と。これこそは確かに、私の自由の理論を明白なものにしてくれるものだ。というのも、自由とは、いついかなるときにも自分自身から脱出するというあり方なのだから[1]」。こんな文を読むと、一種内面性のごときもののなかに、自分が入り込んで行くような気になるではないか。それはサルトルとサルトルのあいだの、妥協もまやかしもない対話であって、彼は自分を判定し、批判し、叱り飛ばしては、平静を取り戻して、気を取り直し、今度はまた自分をいじめ抜くという風に、驚くべき自己批判とゼロからの再検討の能力を発揮している。まるで真理と本来性においては、すべてはいつでも不断に可能である、というようではないか。不意に襲いかかったこの奇妙な戦争[2]という状況のなかで、他の兵士とともに気象観測班に追い込まれた兵士サルトルにとって、ものを書くことは、呼吸すること、世界に現前することの代わりであり、心臓が脈を打つようなものだったのだ。

（1）参考文献48、一二六〜一二七頁参照。
（2）一九三九年九月の第二次世界大戦勃発から翌四〇年五月のドイツ軍の大攻勢までの八ヵ月間、仏独両国は砲火を交えることなく前線で睨み合うだけであった。この期間を「奇妙な戦争」とよぶ。

サルトルの作品系の包括的理解に対する障害はこのように数多あったが、何よりもまず避けなければならない暗礁とは、区分という暗礁であると思えた。たとえばジャンルごと――小説、批評、演劇、哲学、政治評論、ジャーナリズム――の記述に踏み込んでしまうと、映画のシナリオ、シャンソン、日記、序文、弔辞、旅行、私生活、青少年期の著作を無視してしまったことに気がつくことになるのだった。何らかの歴史的期間――一九三〇年代の社会のはみ出し者たるサルトル、一九四五年以降の栄光に包まれたサルトル、一九六〇年代の世界を股に掛けた旅行者、〔一九七三年の〕失明のあとの、リア王のようなサルトル――を抜きだそうとすると、選びだした期間はその前もしくはその後の期間と、対話をしていると同時に決裂もしているということに、たちまち気づくことになるのだった。そこでむしろ二十世紀の大きな政治的モメント――一九三〇年代と人民戦線のデモの隊列、一九四五年前後とフランス共産党の隊列への知識人の殺到――のほうを見てみようとすると、たしかにサルトルは二十世紀のいくつかの重大案件に取り組んだが、その取り組み方には、己の時代とのタイミングの合わないダンスとでもいうべきものが窺える、ということに気がつくのであった。たとえば、一九三〇年代のサルトルは、社会のはみ出し者で、個人主義者で非政治的であって、とくに親友のニザンのような初期のフランス共産党員に見られたプロレタリア国際主義には、いささかの関心も見せず、ある種のシュールレアリストたちの態度に似通った行動様式を見せていたが、かと言って、そうしたシュールレアリストたちに出会うわけでも、彼らを認めるわけでもなかった。それに実際、サルトル・ブランドの総体を把握しようとするのなら、書かれた作品だけを考慮に入れるのではなく、サルトルという企てそのものを考慮に入れなければならないのだ。それは、日常生活の対抗文化《カウンター・カルチャー》の首尾一貫した組み立て方なのであって、その実践は、哲学計画の具体的な表現にほかならなかったのである。

それゆえに彼の作品系に部門別にアプローチを行なうとすると、確実に、本質的な側面をいくつか取り逃がすことにならざるをえなかった。たとえば、主題が複雑に錯綜しているという面、あるいは異なるジャンル同士の相互依存という側面である。一九六〇年にマドレーヌ・シャプサルが行なったインタビューのなかにサルトルは、彼の作品系の体系のまことに独特な組織構造を多少なりとも理解させてくれるようないくつかの足跡を残している。「一五年前から私は、あることを捜し求めています。人間学に政治的な基盤を与えること、と言いましょうか。それはどんどん増殖していったのです。全身に転移した癌のように。考えが次々に生まれてきますが、まだそれをどうしたら良いのかわからなかったので、どこでも構わず押し込んだのです。つまりそのとき書いていた本のなかに。しかしいまではケリがつきました。それらの考えは整頓されています。いま書いている作品で、それらの考えを片付けることができるでしょう。それが『弁証法的理性批判』です。（……）しょっちゅう自分の哲学を追い掛けるみたいにして、書いている本のなかで脱線をする必要を感じることはもうありません。私の哲学はいくつかの小さな棺のなかに収められ、私はすっかり空っぽになって、何の気掛かりもなくなるというわけです。

ちょうど『存在と無』を書いたあとが、そうでした。空っぽでした。(……)人間学に関する本が済んだなら、私は書くことができるようになるでしょう。何についてでも。哲学については、自分のためだけに頭のなかでいくつかの参照をするだけにします。(……)哲学を反芻しながら、哲学作品以外の作品を書くと、──とりわけ最近一五年間はそうだったのですが──どんなページも、どんな短い散文も、ヘルニアに罹ってしまうのです。近年は、握ったペンの下にヘルニアが出てくるのを感じると、私はむしろ書くのを中断することにしました。それが、これらの本が未完のままになっている理由です[1]」。

(1) 参考文献42、九~一一頁〔邦訳七~八頁〕参照。

有機体的な比喩を用い、考えの増殖を紛れもない病理現象として提示し、哲学、演劇、批評などのあいだの主題の循環をこのように描写してみせる、この見事な、そして意外なテクストは、サルトルの作品系は、生きている有機体として、統合された全体として取り扱うしかないということを、示している。政治的発言も含めて、サルトルの作品系を構成しているすべてのジャンルを関連付ける包括的アプローチ──それはまた、サルトルの個人的な行動や感情生活、フランスおよび外国での作品の受容、生産と受容の相互作用現象、こういったことも同様に考慮に入れるのだが──のみが、現象学的アプローチに裏打ちされるなら、サルトルの作品系の内的論理の復元を可能にしてくれるであろう。

第三章　『家の馬鹿息子』の生成過程、もしくは基本的決定因としての想像界

たとえば『家の馬鹿息子』の計画を取り上げてみよう。彼のフローベール論、彼の最後の著作、三巻二八〇二ページに及ぶ、厖大な未完のあの壮麗な作品の計画を。その生成過程を理解するには、奇妙な戦争の真最中の一九三九年に立ち戻らなければならない。サルトルはこう説明している。「彼の書簡集を、質の悪いシャルパンチエ版で読み直しているうちに、彼とはいつか決着を付けなければならない、そのためにはもっと彼のことを知らなければならない、という気がしてきたのだ。それ以来、私が初めに抱いていた反感は、感情移入に変わった。この態度だけは、何らかの人物を理解するのに必要だからね」[1]。フローベール論は、まず最初に、早くも一九四〇年に「『想像界』〔『想像力の問題』〕の続き」として構想されたが、ついで一九四三年に『存在と無』の実存的精神分析に関する章の末尾で予告され、さらにまた一九四五年に『文学とは何か』のなかで言及されていた。ついで一九五四年頃、ロジェ・ガローディ[2]の影響の下に三カ月ほど練り上げられて、一二冊ばかりの手帖となったが、その一年後に、出

版人にして精神分析医のJ＝B・ポンタリスの示唆でさらに詳しく論じられ、一〇〇〇ページの原稿となった。その後長いあいだ放棄されていたが、一九六三年に本格的に着手されることになり、「始めから終わりまで」手を入れられ、さらに三度にわたって書き直され、その結果、一九七一年に一、二巻が刊行、七二年に第三巻が刊行されたが、サルトルが失明したため、四、五巻は最終的に放棄された。

（1）参考文献46、九一頁〔邦訳八七頁〕参照〔この引用は正確なものではなく、九一頁から始まるこのインタビュー「『家の馬鹿息子』について」の冒頭数頁（おおむね九六頁、邦訳九一頁あたりまで）の要約と言うべきものである〕。

（2）ロジェ・ガローディは、フランス共産党中央委員で、マルクス主義文学理論の第一人者。彼は、マルクス主義と実存主義の文学研究の方法としての優劣を決めるために、一人の作家を選んで論じる競争を提案した。その素材として選ばれたのが、フローベールである〔訳注〕。

したがって『家の馬鹿息子』は、三〇年にわたって、段階を追って生みだされたものであり、『想像界』、『存在と無』、『方法の問題』と『弁証法的理性批判』という、異なる理論的土台の上に乗り移りつつ、練り上げられた。その結果、サルトルは「フローベールについて言うべきことをすべて書く」ことが可能になった。これは壮麗にして常軌を逸した計画である。「一人の人物の基本的な決定因としての想像界」を理解しようとするものであり、ギュスターヴ〔フローベール〕少年の神経症を記述し、とりわけ彼の子供らしい受動性が作家としての資質にどのようなインパクトをもたらしたかを説明しようとするものであるからだ。作家サルトルはこの計画を、これまでに彼の気をそそったすべての問いかけ、すべての方法の合流するところ、つまり「人間についてのわれわれの知識を深め（……）精神分析とマルクス主義を組み合わせることを可能にするような、さまざまの媒体と手続[1]」の合流点として構想していた。これはなんとも執拗に彼に取り付いた計画である。なにしろサルトルは、高等教育修了証書取得論文に「心理生活における映像、その役割と本性」というテーマを選んでいるのだ。つまりまさしく高等師範学校時代に抱いた関心事に、彼はその後四五年間の長きにわたって、何度も立ち戻っているわけである。

（1）参考文献42、一一三頁〔邦訳九〇頁〕参照。

しかし随分とずれた計画でもある。時代の研究・探究の流れに逆らっているからである。というのも、早くも一九六〇年代なかばには、構造主義諸思想と、新たなマルクス主義思想家たちの到来とともに、サルトルの思想は周縁に追いやられ、知的世界の前面から後退していくように見えていた。ところがサルトルは、自分に取り付いたこのフローベールとの一対一の対面に没入しつづけ、自分の「全体化的方法」を狂信的なまでにフローベールに適用しようとしたのである。それもコリドラン〔覚醒剤〕や薬物や、身近な者たちの助けを借りながら。「なぜフローベールか？」と、批評家たちは何度も繰り返し彼に訊ねた。「フローベールは私にとって、私自身の文学についての考え方とは正反対のもの、つまりアンガジュマンの全面的拒否と、私の理想とはまったく違う形式上の理想の探究を、代表しています。（中略）フローベールは、まさしく私が彼のなかに、あらゆる観点からして、私自身とは反対のものを見ていたがゆえに、私を魅了しはじめたのです。私はこう自問しました。『このような人間がどうして可能なのか』と」。あるいはまた「人は自分に異議を唱えるものと対決する必要がありますから」[1]。

（1）参考文献42、一一六〜一一七頁〔邦訳九二頁〕参照。

サルトルの作品系のなかに「フローベールという入口」から、ということはつまり、終わりから入り込んでいくと、まもなく複雑な照応関係のネットワークにぶつかることになる。そこでわれわれは時を遡らざるをえなくなり、やがて、フローベールとの対話の根源は、ずっと昔、サルトルの幼少時代に潜んでいることに気づかされるのである。実際、『家の馬鹿息子』は、十九世紀の教養あるブルジョワジーのフランスをつねに代表してきた人物、つまり彼の祖父シュヴァイツァー[1]への、紛れもない意趣返しの到達点だったのかもしれない。この祖父は、本物の教育者で、大げさな言葉遣いをする鷹揚な人物で、サルトルの生涯の最初の十数年間というもの、この高い知能に恵まれた子供の家庭教師をもって任じたが、こうした孫息子とその保護者との関係は、対立を孕んだ難しいものであった。そこでこの父なし子の少年は、祖父の独裁を逃れ、世界の事実性と、さらには祖父の過剰な愛情の支配から脱出するために、必要ではあるが不可能な使命をみずからに課す。つまり八歳にして作家となったのである。しかもそれが自分で自分を生みだすことであると確信していた。『言葉』のなかでサルトルは、こう説明している。

祖父は「私を思いとどまらせようとしたばっかりに、私を文学のなかに投げ込むことになった。こんにちでもなお、機嫌の悪いときなど、こうやって幾日も幾晩も費やして、これほど大量の紙を私のインクで覆い、だれにも望まれない、あれほど多くの本を市場に投げ込んだのは、ただひたすら祖父に気に入られたいという気狂いじみた希望からだけではないかと、自問することがあるほどだ[2]」。

（1）シュヴァイツァーの娘アンヌ＝マリーの息子がサルトル。なお彼の弟ルイの息子が、プロテスタント神学者、医師、オルガン奏者でノーベル平和賞受賞者（一九五二年）のアルベール・シュヴァイツァー（一八七五〜一九六五年）〔訳注〕。
（2）参考文献32〔邦訳一三六頁〕参照。

一九六三年の『言葉』の刊行は、彼自身の言葉によれば、「文学への訣別[1]」を意味したが、サルトルはまたわれわれに、『言葉』は「ジュネやフローベールについての研究と同じ問い、つまり、人はいかにしてものを書く人間、想像界について語ろうとする人間となるのか、という問いに答える[2]」ために書かれたのだ、とも述べている。サルトルの作品系は、こんな具合に進むのだ。新たな展開から未完成へ、理論的定式化のやり直しから実践的証明へと、同じくものを書く人間である他の創造者たちとの不断の対話を通して、「とても不充分で、きわめて出来が悪い、とさえ言える[3]」『ボードレール』から、「自分の客観的な歴史のさまざまな出来事によってジュネがいかに条件付けられているかの研究は、不充分、このうえなく不充分である[4]」と彼自身が述べている『聖ジュネ、役者にして殉教者』へと、ジュネからマラルメへ、マラルメからティントレット[5]へ、ティントレットからフローベールへと、進んでいったのである。こういうふうにサルトルは作動するのだ。己の矛盾、自分自身の限界、方向転換、削除、透明性、力学を洗いざらいさらけだしながら。それでも最後に彼は、「生きている作家というのは姿を隠すものだ」、「人はものを書くとき、自分の本性を隠すものだ」(6)ということを、認めてはいる。

(1) 参考文献82B、三〇五頁〔邦訳二七三頁〕〔ここでは「文学への訣別」(adieu à la littérature) となっているが、当該引用箇所には「ある種の文学への訣別」(adieu à une certaine littérature) とある〕参照。
(2) 参考文献42、一三三〜一三四頁〔邦訳一〇四頁〕参照。
(3) 同前、一一三頁〔邦訳八九頁〕参照。
(4) 同前、一一四頁〔邦訳九〇頁〕参照。
(5) 十六世紀ルネサンス期のヴェネツィアの画家。サルトルは彼について「ヴェネツィアの幽閉者」ほか二篇の論考を著している〔訳注〕。
(6) 参考文献46、一〇五頁〔邦訳九九頁〕参照。

「あなたがフローベールについて行なっている解明作業を、だれかがあなたについて企てはしないかと、いささか心配になることはありませんか?」と、ある日だれかが彼に訊ねた。

「それどころか、嬉しいだろうね」と、彼は答える。「どんな作家もそうだが、私も姿を隠すのさ。ただ私は公的な人間でもあるから、人びとは私について好きなように考えてくれて構わない。厳しいことであっても……」。

「後世の審判に対して、何の恐れも感じないのですか?」

「何の恐れもないよ。好意的な審判がくだされるだろうと確信しているからではない。ただ何らかの審判がくだされることを私は願っている。だから手紙類や、私生活についての資料を除去してしまおうなどという気にはならないのだ。そうしたものはいっさい合切、人の知るところとなるだろう。その結果、私が後世の目から見て——後世が私に興味を持つとしての話だが——フローベールが私の目から見て透明であるのと同じぐらい透明であるとしたら、結構なことだ」[1]。

（1）同前、一〇五頁〔邦訳九九～一〇〇頁〕参照。

第四章　類型をはみ出した生産の軌跡

サルトルには驚かされる。彼の作家としての軌跡は、同世代の作家たちのそれとは完全にずれた、独特の展開振りを見せている。青少年期の文学への情熱が老境に入って再び開花する、この作家人生の謎を解く鍵はいかなるものなのだろうか。作家としての浮上の装置はどのようにして設定されたのか。どのようなタイプの関係をサルトルは、己の時代と取結んだのだろうか。その道程には、まず決裂の局面があり、ついで調和の局面が訪れ、そしてまた決裂の局面が続いたのであるが。また彼はどのようにして、行き詰まりの袋小路から、苦境から、はいあがったのだろうか。この思想はどのように前進するのだろうか。それは不断の生成過程にあるが、また同時に、結局のところ、文学の機能と芸術家ないし知識人の身分とはいかなるものか、象徴的なものはいかにして現実的なものの一環をなすのか、という同じ問いの周りをつねに回っている。サルトルの生産を時代ごとに見てみようとするなら、それはゆっくりと形を成し、あの栄光に輝くサルトルの例外的に多産な歳月（一九四五年から六〇年）に絶頂に達し、ついで下降し、〔公的な性格が薄まった時期へと向かう曲線という形で描きだすことができる。そしてその最後の時期には、政治的関心は後景に退き、一九四〇年代と同じ知的気掛かりに席を譲るのである。

それは最初は、しんぼう強いゆっくりとした作家としての経歴の形成であり、なかなか到来しない「栄光」を模索することに足を取られて足掻く青年の苦悩であった。偶然性(1)について何かを書こうという着想は、すでに一九二六年、高等師範学校での勉学の時代には心に抱いていたが、「偶然性の弁駁書」〔のちに『嘔吐』となる〕に再び取り掛かり、それを書き直し、その最終形態である『嘔吐』として刊行するまでには、さらに一二年間の追加労働が必要となる。『嘔吐』の成功によって彼はようやくにして、言論と出版の世界に入り込み、シモーヌ・ド・ボーヴォワールへの手紙で、自分は「本の著者として通りを歩いている(2)」と書くことができるようになったが、そこに辿り着くまでの過程は取り立てて困難なものであり、そのあいだに、ポール・ニザン、シモーヌ・ド・ボーヴォワール、ジャック＝ローラン・ボストを初めとする近しい友人たちの口利きや取りなしのお蔭を被っている。さらにまた最後の段階では、原稿の露骨すぎる箇所に対して紛れもない一連の検閲が加えられることを受け入れなければならなかったのである。

(1) 現実存在するものは、存在の必然性なしに偶然に存在するという観念。青年期サルトルの中心的主題である。
(2) 参考文献50、一四六頁〔邦訳I、一五四頁〕参照。

三十歳のサルトルは、フランスのエリート主義的伝統の相続人であり、高等師範学校という心地よい揺かごのなかで、本に囲まれて育った子供であった。ル・アーヴル〔セーヌ川河口の港町〕のリセの教授時代〔一九三一〜三七年〕には、出版をめぐる挫折とフランスの地方の窒息状態の両方をともに呪う孤独な個人主義者で、アナーキーな傾向を見せており、さまざまな左翼政党の行なうデモの行列が通るのを無関心な眼差しで眺めており、ソヴィエトの実験に魅了されたフランス共産党員の希望の声も皮肉とともに聞くのだった。第二次世界大戦の終結までの時期は、彼の生産の第一局面ということができるが、この時期には、文学作品、哲学作品、演劇作品、文学批評の論文、ルポルタージュが含まれる。それらを通して彼は、きわめて絶望的な世界の描写、はみ出し者で社会から隔絶した人間の観点を提示している。また外国文化の方角に観測気球を飛ばして探りを入れる一方、偶然性、自己欺瞞、他者の疎外的眼差し、といった基本概念をいくつも練り上げ、先駆者、パイオニア、開拓者の相貌も帯びている。

第二次世界大戦は、それまで周りから保護された環境のなかで生きてきた作家サルトルにとって衝撃であった。戦争は「〔彼の〕生活のなかに社会的なものを一挙に注ぎ入れた」。奇妙な戦争と捕虜収容所は、彼を今までになかったタイプの仲間と接触させることとなる。〔ドイツの〕トリアの捕虜収容所XIIDで彼は、哲学を教え、戯曲『バリオナ』を書いて上演し、ついで収容所から出て、「社会主義と自由」と称する小さなレジスタンス・グループの活動を開始する。しかしそのグループは、数カ月しか続かなかった。そこで彼は、最初期の著作の延長線上で、哲学者としての作品（『存在と無』は一九四三年に出た）、小説家としての作品（『自由への道』の一、二巻の執筆に取り組み、それは一九四五年に刊行される）、劇作家としての作品（一九四三年には『蠅』、一九四四年には『出口なし』）の制作を継続し、さらにその一方で、新たな二つのジャンルの実験を始めた。すなわちシナリオ作家とジャーナリスト的なルポルタージュ作家としての執筆活動である。前者は、パテ社から報酬を受け取る形で行なわれ（そのお蔭で彼は教育者としての仕事から身をひくことができた）、後者は、アルベール・カミュのお蔭で実現した。カミュは、「時代の証人」になるよう彼に提案し、そこで彼は『コンバ』紙のために記事を書き、ついで『フィガロ』紙のために記事を書くことになるのだった。

パリ解放の数日間のルポルタージュ（『コンバ』紙上の七回連載記事「蜂起したパリを歩く」、一九四四年八月二十二日〜九月四日）を書いたのち、サルトルはアメリカ合衆国に派遣され、そこに五カ月間滞在する。時代と完全に合致したサルトルが本当に生まれるのは、アメリカ合衆国において、現代性の担い手として彼がずっと前から関心を抱いていたこの国においてだった。彼はニューヨークから、ハリウッドまで、さらにはテキサスやニューメキシコにまで足を伸ばして現地取材を行ない、アメリカ合衆国という、この人を興奮させる巨大な調査対象を思うさま探究した。この旅行はまた、倫理的闘士としてのサルトルが出現するきっかけともなった。彼は生まれて初めて、社会的大義のためにアンガジュマンを行なうことになる。この国で黒人たちが被っている人種差別の告発であった。このようにこの旅行のあいだには、一九六〇年代の第三世界主義者としてのサルトルもまた、その片鱗を見せることになるのである。

アメリカ合衆国から戻るとサルトルは、フランス言論界の再生の産物の一つでもあれば、同時にその立役者の一人でもある、そうした人物となった。彼にとってこの時期のお題目は、「状況」、「自由」、「アンガジュマン」である。「新たな血を文学に注ぎ込むことによって文学に仕える」と、〔彼が創刊した雑誌〕『レ・タン・モデルヌ』の創刊の辞は述べる。「どこから来たものであろうと、すべての原稿は受け入れられるだろう。アンガジュマンということが文学を忘れさせることとは、どんな形であれあってはならない。（……）それにふさわしい文学を与えることによって、集団に仕える[1]」。これと同時に、いくつかの判定もくだされるが、それは最高の決定機関としての立場を確立した人物が見せる権威的な姿勢にほかならない。「作家は彼の時代のなかで状況内にある。一つ一つの発言は、それ自体の反響を引き起こす。一つ一つの沈黙もまたそうなのだ。私はフローベールとゴンクールには、責任があると考える[2]」。彼はまた民衆が担う世界全体の調査探究の計画を組み上げる。「もし真理がただ一つであるなら、それはいたるところ以外のどこにも探し求めるべきではない[3]」。

（1）「『レ・タン・モデルヌ』創刊の辞」参考文献21、一二～一三頁〔三〇頁、邦訳二二頁〕参照。
（2）同前、一三頁〔邦訳一〇頁〕参照。

（3）「メルロ＝ポンティ」、参考文献34、二〇六頁〔邦訳一七三頁〕参照。

こうして一九四五年九月からは、戦後の白紙状態の上に、「己の時代のために」書くサルトルが登場する。そして読者層との本物の対話を行ないつつ、信じがたいほど多産な生産活動を展開するのである。どれほど多産な活動であったか、以下のような一九四五年から六三年までの著作目録（これでもまだ不充分だが）で判断して貰いたい。『実存主義はヒューマニズムである』、『自由への道』、雑誌『レ・タン・モデルヌ』、『シチュアシオンⅠ、Ⅱ、Ⅲ』、『墓場なき死者』、『恭しき娼婦』、『ユダヤ人問題の考察』、『ボードレール』、『黒いオルフェ』、『賭はなされた』、『汚れた手』、『歯車』、『マラルメ』、『政治鼎談』、『悪魔と神』、『聖ジュネ、役者にして殉教者』、『アンリ・マルタン事件』、『キーン』、『ネクラソフ』、『アルトナの幽閉者』、『弁証法的理性批判』、『言葉』……。彼はまた援助を求めてくる年下の著作者にはけっして支援を拒むことなく、他の多くのフランス作家のために序文を書いた。

一九四五年における、こうしたサルトル思想のインパクトは、どのように定義すべきであろうか。文化生産物をこのようにさまざまなジャンルに分けていることを、どのように記述すべきであろうか。サルトルは全体的読者層というものを想像することができた、というふうに考えることができるかもしれない。全体的読者層という考えは、彼以前のいかなる作家もけっして持つことのなかった着想である。コミュニケーション・システムが飛躍的に変貌を遂げたこの時代にあって、サルトルは、メッセージをその宛先である異なる読者層ごとに分割して、まさに文字通りの作戦行動を展開したのだ。その代表例が、一九四五年十月二十日月曜にクラブ・マントナンで行なった、あの有名な講演「実存主義とはヒューマニズムである」〔邦訳タイトルは『実存主義とは何か』〕である。それはその数年間におけるフランスの最大のメディア的出来事の一つとなった。それと同時に、一九四五年の秋以降には、雑誌『レ・タン・モデルヌ』の創刊号、大河小説『自由への道』の一、二巻が刊行され、また『出口なし』の上演は続いており、一般大衆のあいだで「実存主義」の流行が勢いを増すにつれて、サルトルの名は連日のように新聞紙上で言及された（讃嘆をこめて、あるいは憎悪をこめて）。「実存主義ですって？　どんなものか知りませんね」と、質問されたサルトルは答えた。「私の哲学は、実存の簡素な哲学です」。

サルトル思想は、〔パリの〕サン゠ジェルマン゠デ゠プレという、ボヘミヤン的生活様式や、カフェでの生活の伝統や、そこに生息する動物相（「ザズー」と呼ばれる、はみ出し者で体制転覆的と見なされる若者たち）を有する土地に結び付けられるが、そもそもの起源は、まことにとっつきにくい、無味乾燥な哲学的思考体系である。ドイツによる占領の歳月を抜けだしたばかりの農村的フランスにあって、外国文化から借り受けたモデルを用いて、現代性とジャズと婚姻外セックスを口にする代替文化を伴うサルトル思想の波は、サン゠ジェルマン゠デ゠プレの若者たちのなかに即座に共犯者を生みだすことになり、彼らはサルトル・ファミリーのイメージに倣った生活様式を展開していく。農民的フランス社会が、パリのサン＝ジェルマン＝デ＝プレという神話的な場所において変貌していく時、サルトルはその保証人にして人質となるのである。

そこでサルトルという企ては、哲学を頂点に頂くピラミッド型の構造を呈することになる。哲学がその全体を組織し、全体の正統性を保証するのであるが、その下に、批評論文、講演、劇と小説、ラジオ、そして最後に映画とジャーナリズムという、五つの影響圏が重なっている。この企てはまた、より近づきやすい年下の「媒介・中継要員」を使用する。それは一般大衆によく知られている行為者たちで、たとえばジュリエット・グレコ、ボリス・ヴィアン、フランソワ・ペリエ（『汚れた手』のユゴー役）、ピエール・ブラッスールとジャン・ヴィラールとマリア・カザレス（それぞれ『悪魔と神』のゲッツ、ハインリッヒ、ヒルダを演じた）、セルジュ・レジアニ（『アルトナの幽閉者』のフランツ）、さらにはソフィア・ローレン（映画化された『アルトナの幽閉者』のヨハンナ役）である。こうしてサルトル企業は、実際上、最も学識ある読者層から一般大衆に至る、あらゆる世代のあらゆる読者層に訴えかけるのである。サルトル思想のこうした支配力はまた、ある一つの土地の利用と、さらにはそれの神話化を通して貫徹する。その土地とはサン＝ジェルマン＝デ＝プレ界隈であり、その鐘楼、その広場、その立ち並ぶカフェであり、サルトルはたちまちその土地の有機的知識人(1)となっていく。すでにこの時代から、彼は国際的均衡の変化を予見し、ヨーロッパの帝国主義的正統性の終焉を予言し、戦前とは根底的に異なる世界ヴィジョンのなかで、植民地諸国民が独立して台頭するさまを知覚していた。

（1）有機的知識人とは、イタリア共産党の創設者、アントニオ・グラムシの概念。興隆する社会集団が自らのなかから有機的に生みだす知識人。これに対比されるのが「伝統的知識人」で、たとえばブルジョワ階級は、聖職者、医師などの伝統的知識人を同化する一方で、自らの有機的知識人（工業技術者、科学者、経済学者、等々）を生みだす。ここではこの語は比喩的に用いられている〔訳注〕。

一九五二年から五六年までの四年間、彼はフランス共産党との同伴関係に入る。そしてそこから抜けだしたときには、変貌していた。一九五九年からは、アルジェリア戦争中の一連の政治的態度表明によって、彼は本来の軌道を見出すことになる。ド・ゴール政権を攻撃し、辛辣な皮肉を盛り込んだ論説のなかでフランスの植民地政策への攻撃を次々に繰りだす彼が、拷問を告発し、不服従を呼び掛けると、やがてフランス全土は文字通り心理劇のなかに巻き込まれ、さらに彼が仕掛けたド・ゴール将軍との情け容赦なき一騎討ちによって、政府は追いつめられていく。この時期、彼は「アンタッチャブル」の身分を獲得したが、また世界中の国家元首の招待を受けて、政治的・倫理的にフランスを代表する、無冠の大使の役回りを演じもした。このような政治的・倫理的職務は、これまでいかなる作家も就いたことのないものであった。『レ・タン・モデルヌ』の編集長というメディアでの職務に加えて、論争的執筆活動と世界を股にかける旅行の数々とで、彼は第三世界のスポークスマン、社会の周縁に追いやられた者、社会から排除された者たちの代弁者となった。一九六三年には『言葉』の刊行があった。これはそれまで考えていたような「文学というものへの訣別の辞」に、衝撃的な筆の妙技で署名をした作品である。その翌年にはノーベル賞の辞退があり、またヴェトナム戦争への反対の姿勢はますます徹底的になっていき、やがてアメリカの戦争犯罪を裁くラッセル法廷の裁判長を務めることになる。こうしたなかでサルトルはますます、作家というものの原型的な軌道からははずれていくのである。

そのあとに来るのは、晩年のサルトルの時期である。これはすでに触れられたように、唯一つの作品、最後の作品、フローベール論に没頭した時期である。しかしまたもう一つ別の執筆形式、つまりジャーナリズム的文章の執筆の実験も、「リベラシオン」という通信社を創設し、ついで同じ名の日刊紙を創刊するという形で行なわれた。また権力に脅かされたいくつもの毛沢東主義集団を楯となって護ってやることを承諾した。そして最後に失明。そして最晩年は、秘書のピエール・ヴィクトール（本名はベニィ・レヴィ）と、たとえば宗教のようなこれまでに例のない関心事について、共同思考という前代未聞の様式で思考する仕事を続けたのである。

この驚くべき軌跡の各段階を通して、この経歴の始めから終わりまで、いくつかの関心事が一貫して継続している。まず探索と冒険の様式について――哲学についてはドイツを軸として、小説についてはアメリカを軸として――認識する時期、そして映画や音楽や造型芸術について旺盛に好奇心を働かせ、旅行は不可欠で、現代的なもの、新奇なものへの情熱に駆られ、他なるものの文化への興味を抱き、植民地支配国フランスと帝国主義アメリカへの逆襲を続けたのちに、彼はあのフローベールに代表される十九世紀フランスへの回帰を行なったのであるが、そうした彼はすでに見たように、こうしたフランスを相手に渡り合うことを一度も止めたことはない。それゆえ、こんにち最も興味深い検討課題は、サルトルの栄光時代、つまり彼が己の時代と合致していた時期ではなく、初期のサルトルと晩年のサルトルの時期、社会から孤立し、片隅に引っ込み、時代との不一致を生きた作家としての時期であると、私には思われる。

遠くから眺めてみるなら、いくつかのテーマが姿を現わし、新たな光を投げかけ、この比類ない軌跡を彩るさまざまな態度と作品のあいだに真の一貫性があることを証明する。一九六四年十月十四日、サルトルは罫の入った紙片を一枚手に取って、ノーベル賞アカデミーの審査委員会に、自分の名が候補に上がってもノーベル文学賞に指名しないよう要望した。この行為は一種の演出だと分析する者もいた。しかし実はまったく別のものだったのだ。その数年前に彼は、レジオン・ドヌール勲章を辞退していたが、そのときと同様に今回も、公式に宣言しているように、「個人的理由」でノーベル章を辞退したわけだが、それは疾走の途中で引き止められて、立ち止まらざるをえなくなることへの頑強な拒否の表明にほかならなかったのではなかろうか。この個人的理由というのは、なんなら「サルトル的理由」と言い換えても構わないが、ずっと以前から、サルトルの哲学的著作のなかに書き込まれていたのではないだろうか。「他者のまなざしとともに、状況は私から脱れ出る。あるいは、月並みではあるが、われわれの考えをうまく言い表わす表現を用いるなら、私はもはや状況の主人ではない。（……）〈他者〉の出現は、状況のなかに、私が欲することのなかった様相を出現させる。私はこの様相の主人ではないし、その様相は原理的に私から脱れ出る。なぜならそれは他者にとって存在するのだから[1]」。

（1）参考文献7、三一一～三一二頁〔邦訳四六七～四六八頁〕参照。

それでは私はサルトルについて何を知っているということになるのだろうか。彼がたどった軌跡のいくつかのモメントを再び取り上げてみるなら、いま見たような新たな照応関係を見つけだすことができるかもしれないし、いくつかの点を正確に把握し、フランスとの対決という相変わらず目立つ問題を解明し、必要とあれば、いくつかの時計の時間を合わせることもできるかもしれないのである。

第五章　アルザスとペリゴール、あるいは古臭いものの拒絶

一九六三年、サルトルは『言葉』を刊行した。このまことに重要な本はまず最初に、三つの不首尾なラヴ・ストーリーを著しく事実に即した形で物語るところから、駆け足で始まる。すなわち母方の祖父母のそれ、父方の祖父母のそれ、両親のそれである。前二者は、虚偽と偽善と社会的慣習のなかに埋もれてしまい、三つ目のそれは、始まってわずか数カ月で、彼の父親の死によって停止してしまう。サルトルはこの思いがけないシナリオのなかに、このようにして登場するのである。彼の生涯の最初の一二年間の物語という、悲壮であると同時に熱に浮かされたような筆の妙技が展開する、奇妙で抒情的なこのシナリオのなかに。

『言葉』を読んだとき、私はサルトルが、自分の作家としての神経症についてのある種一義的責任とも言うべきものを、とくに母方の祖父に押し付けることによって、母方の家族、つまりシュヴァイツァー家に負わせている、という直観を持った。そこには調査すべきポイントがあると私は判断し、サルトル

自身の物語の構築について当のサルトルに異議を唱えるという冒険に乗りだしたのである。こうして私は、彼が暗がりに置き去りにしたこの「ティヴィエの方」の扉を押し、彼が農村的フランスにどれほど根差していたのかを測定し、サルトル家の社会的地位を探りだし、サルトル家の変遷を再現し、この環境のなかで「プールー」〔幼少期のサルトルの愛称〕少年がどのような地位を占めていたかを解明するに至った。

農村的フランスを相手にするとなると、サルトルの考察はしばしば有無を言わさぬ、乱暴でさえある形を取り、大抵は憎悪の形を取る。まず何よりも、地方のフランスに対して反感を剥きだしにするのだ。そんなフランスの姿とは、『嘔吐』のなかで、周知の才能を発揮して、彼が報告しているところだ。「日曜日だ。ドックのうしろの海沿いや、貨物駅の近辺など、町の周辺一帯には、空の倉庫や、闇のなかに動かない機械がある。(……)郊外全域では、工場のどこまでも続く塀にはさまれた狭い道を、黒く長い列が歩き始め、ゆっくりと市の中心に向かって進んで行く。彼らを迎えるために、表通りは暴動の日のような様相を呈している。トゥールヌブリッド〔木賃宿〕通り以外のすべての商店は鉄のシャッターを下ろしている。間もなく黒々とした行列が、死んだ振りをしているこれらの通りに侵入してくるのだ。(……)間もなく日曜日のフランスが[1]、門をかけた商店や閉ざされた扉の間に生まれるだろう[2]」。

(1)ここには「フランス」とあるが、原文では「群衆」となっている〔訳注〕。

（2） 参考文献3、五一頁〔邦訳六八～六九頁〕参照。

ティヴィエとペリグーで調査活動を行ない、サルトルの叔母にあたるランヌ夫人の所有になる厖大な文書集を発見し、理工科学校の文書保管室や、国防相にある海軍文書保管室で父親のジャン＝バチスト・サルトル関係の文書を閲覧した結果、私は、作家サルトルを生みだした二つの家族——結ばれていた期間は短かったが——のあいだの複雑な関係を再構成することができた。そして彼自身はそのことについて語らないことを選択したのであるから、私は、フランス南西部からもたらされた〔サルトルの父方家系に関する〕資料をじっくりと研究したのである。それらの資料から読み取れたことは、実は十九世紀に裕福になった、繁栄するブルジョワの一族の完全な没落である。資本の消滅と、ジャン＝ポール・サルトルの祖先のうち、子供を作る能力のある、もしくはその潜在力のある人物たちが、二〇年足らずのあいだに次々と亡くなっていったという事実である。すなわち、彼の叔父のフレデリック・ランヌ大尉は、一九一四年から一八年の第一次世界大戦で死亡、父のジャン＝バチスト・サルトルは、コーチシナで罹った病気で、一九〇六年九月に他界、祖父のエイマール・サルトル医師は、一九一三年十月に逝去、祖母のエロディは、一九一九年に死去、本従妹のアニーは、一九二五年に十九歳で死亡、彼の「後見監督人」の叔父ジョゼフは、一九二七年に他界した。

たとえば、一九一三年十月に、祖父のエイマール・サルトル医師の他界をきっかけとしてやり取りされた書簡集を開いてみよう。彼はピュイフェベールのさして裕福とはいえない家族から出て、ティヴィエで田舎医者として開業し、市の薬局の娘、エロディ・シャヴォワと結婚したわけだが、この手紙のやり取りを見ると、貴族や銀行家や公証人、さらには修道会のメンバー――ペリグー大聖堂の主席司祭やオーバジーヌのマリア聖心修道女会最高総長――を含む地方名士のネットワークがすっかり姿を現わすのだ。地理的にはティヴィエからペリグー、リモージュ、ボルドー、コレーズ県とロ県一帯へと広がる空間内の、民事裁判の裁判長、治安判事、代議士、ドルドーニュ県選出上院議員、医学アカデミー会員、それに各地の主任司祭たちといった面々である。

シュヴァイツァー家とサルトル家の対比とは、プロテスタントのフランスとカトリックのフランスの対比であり、都市的フランスと農村的フランス、ドイツ出身の教育者の進歩的フランスと、無数の郷士からなる急進主義フランスとの対比である。サルトル自身はどうやら父方の系譜について探究を行なう時間的余裕がなかったようだが、この家系には、開明的な急進主義の政治家や、非宗教的で共和主義的な人物が、何人も含まれている。たとえば彼の祖父は、田舎医者で、方言を話し、しばしばいまだに魔法を信じることも多かった近在の部落や町の住民に、医学と衛生と文化をもたらして、彼らを啓蒙し、あちこちに散在する古臭い因習の拠点を徐々に侵食することに努めたのである。[1]

（1）参考文献83、三四頁参照。

さらにまた、作家サルトルの父、ジャン＝バチストと、その兄ジョゼフという、サルトル兄弟のあいだの不均等にも目を向けてみよう。ジャン＝バチストの軌跡は、才能と野心と冒険心のある息子のそれであって、彼は文学と科学のバカロレアに受かり、理工科学校に入って、海軍軍人の道を選んだ。ジョゼフの軌跡は、気持のすさんだ吝嗇な、郷土の人のそれである。二人がたどった生涯の不均等振りは、この二人のそれぞれの書簡集を読むと実に鮮明に浮かび上がってくる。その書簡集は、ペリグー在住の、サルトルの叔母、ランヌ夫人の大箱のなかから見つかったものである。「申し合せの通り」と、作家サルトルの後見人であるジョゼフ伯父は書いている。おそらくは公証人の口述によるものであろう。「私としては、マンシー夫人〔サルトルの母〕とランヌ夫人が、気に入った家具をお選びになることを願うものです。ただし、ガラスケース付きの柱時計は私がいただきます。また柱時計と同じ部屋にあるテーブルは、ランヌ夫人がサロンの見事な安楽椅子をお取りになるなら、私の食堂用に取っておきたく存じます。またランヌ夫人には、お母さんの寝室の安楽椅子か、彼女の寝室の安楽椅子のいずれかを、われわれに選ばせてくださるよう、さらに食堂のヴォルテール椅子も付けてくださるよう、お願いします。ランヌ夫人はすでにペリグーに一脚お持ちですから。彼女が良いことと悪いことを判断されることを望みます。ジョゼフ・サルトル」[1]（ママ）。それより一七年前、若き理工科学校生であったジャン＝バチスト・サルトルは、妹に手紙を書き送っているが、それを読むと、彼の新たな身分に付随する威信は実に輝かしい。「愛する妹よ。約束通り、土曜の舞踏会の話をしよう。それは非常に手配の行き届いた、素晴しい舞踏会だった。（……）軍人たちも多く、海軍の将校や機関将校のように立派な制服を着た者も大勢いた。母校出身の二人の大臣、カヴェイヤックとギュイエスも出席していた。一一時には、フォール氏〔時の大統領〕の到着が告げられた。（……）理工科学校生たる、お前の兄、サルトル」(2)。

（1）コーエン＝ソラル文書集。これはペリグーのランヌ夫人の文書集からもたらされたもので、この手紙は、一九一三年の、祖父エイマール・サルトルの遺産相続の際に書かれたものと思われる。
（2）コーエン＝ソラル文書集。これはペリグーのランヌ夫人の文書集からもたらされたもので、この手紙の日付は、パリ、一八九六年一月二十二日。

ジャン＝バチスト死後の、「プールー」の母親、アンヌ＝マリーとその義理の家族の文通を見てみると、きわめて不均等な二つの家族から出た何人かの個人のあいだの悲壮なまでに煩瑣なことども、困難をきわめる交渉、そして当時、七歳から十一歳になるまでの少年が人質の立場に置かれていたことなどが、手に取るように見えてくる。というのも、祖父サルトルの死後、少年の後見監督人となったのは、父方の伯父ジョゼフであり、彼はその資格で、ジャン＝バチストが息子のために残した年金の受取人となったのである。しかも、ジョゼフ・サルトルは小切手をアンヌ＝マリーに渡すことを拒んだのであり、法的・行政的手続の煩わしさは、金銭上のトラブルに発展してしまう。彼女は夫の友人たち何人かに、さまざまな口利きを頼んでいるが、これを見ても、このような取り立てて敵対的な家族的・文化的組み合せのなかで、彼女がどれほどの現実の困難を抱えていたかが、窺える。彼女が息子の後見権を取り戻すのは、一九一七年にジョゼフ・マンシーと再婚したのちのことだった。

この資料集を踏まえて、サルトルのテクストに立ち戻ってみると、かなり充実した読解をすることが可能になった。たとえば『嘔吐』の舞台、ブーヴィルは、従来〔サルトルがリセの教授として赴任した〕ル・アーヴルをモデルとしていると考えられてきたが、それよりははるかにティヴィエのはっとするような分身であると思われる。また『家の馬鹿息子』における諸問題の中心をなす幻惑を理解するのに、父方家系に関する具体的情報はおおいに助けとなる。こうしてテクストへのアプローチの道が再び切り開かれた。とくに、サルトルは、きわめて特異なやり方で、自分の社会的決定要因に関して調整を行ない、彼自身が知悉している農村的フランスを拒絶しているが、そうした面に関して、そう言えるのである。この保守的な国、農村名士の国、第一次世界大戦後、近代化するのに多大な困難を伴ったあの郷土のフランス、その姿は、歴史家オイゲン・ウェーバーによって、その『百姓からフランス人へ』[1]（Peasants into Frenchmen）のなかで分析されている。とはいえ、この「ティヴィエの方」への憎悪は、サルトルによって直接表明されることはけっしてなかったが、彼にとって現実に消え去ることもまたけっしてなかった。ルーツなるものへのサルトルの拒絶、自由の哲学、単独の人間というあの先験的前提、決裂の論理、こうしたものは明らかにそれに由来するものである。そして作家サルトルは、このようにして部分的には、彼がその後不断に攻撃し転覆しようとすることになるあの農村名士のフランスの産物なのである。このテーマ研究を推進するなら、われわれは必ずや、サルトルが一九三九年に『新フランス評論』誌に発表した「フランソワ・モーリヤック氏と自由」(2)という論文の極端な辛辣さ(3)を想起せざるをえない。これはおそらくモーリヤックを、この南西部ブルジョワジーの文学的代表として攻撃したのだ。

(1) その仏訳が、参考文献83、前出。
(2)『サルトルの著作』のなかで、ミシェル・コンタとミシェル・リバルカは、この論文を、「決着をつけるためのこき下ろし」と形容している。参考文献58、七二頁参照。
(3)『NRF』三五号、一九三九年二月、二一二〜二一三二頁、参考文献17に再録。

『戦中日記——奇妙な戦争』のなかには、この農村的なものへの憎悪を反響する尋常ならざるテクストが見られる。当時、東部の前線に動員されていたサルトルは、そこでアルザス・ロレーヌの住民の南西部への疎開の帰結を物語っている。「この技術戦争の最も興味深い現象の一つは、アルザス人たちの系統的移住であったということになろう。……彼らはリムーザンの土百姓《どんびやくしょう》どものところへ送り込まれたのだ。遅れて、愚鈍で、金儲けにがつがつしている貧乏人の最低の人間どものところへだ。自分たちの整然として手入れの行き届いた耕地や美しい家屋の思い出にまだ目が眩んでいるアルザス人たちが、あの田舎、あれらの汚い町のなかに、猜疑心が強く、醜い、大抵は汚らしいあの連中のところに、落ち込んだのである。(……)あれらの小さな町は、彼らの清潔好きの習慣を逆なでしたに違いない。たとえばティヴィエでは、まだ一二年ほど前までは、家庭のごみや糞尿はその辺の水たまりにぶちまけられていた。いずれにせよ結果は明らかで、これらのアルザス人たちは郷里に手紙を書く際、リムーザン人を野蛮人扱いした。(……)他方、リムーザン人は、アルザス人をドイツっぽ扱いして、それに反撃した。見たところ、とくに悪意があったわけではない[1]」。

(1) 参考文献48、二三一〜二三二頁〔邦訳五二一〜五四頁〕参照。

三十四歳の男が書いたこのあまり知られることのないテクストのなかには、けっして消し去ることのできなかった緊張がこだましている。それはティヴィエに到着し、自分の夫の家族が何者であるか、判断をくだし、同じフランス人ではあっても、自分自身の持つ文化にはまったく無縁の人たちを相手に苦闘するアンヌ＝マリー・シュヴァイツァーにほかならない。サルトルはきっとこのタイプの対決には非常に敏感であったはずであり、作家としての生涯を通じて、さまざまな形でこれへの拒否を表明することになる。この姿勢は、彼が「内向のイデオロギー」と名付けるものへの彼の憎悪と関連付けるべきものである。これについては、彼はのちに『方法の問題』のなかで、ヤスパースに触れた際に言及しているのであるが。「こうした内向のイデオロギーは、つい最近まで、二つの敗戦にぶつかって意固地になったある種のドイツの態度、それにある種のブルジョワジーの態度をかなりよく表現していた。このブルジョワジーは、魂の貴族であるという資格で特権を正当化し、己の客観性を逃れて甘美な主観性のなかに逃げ込み、えもいわれぬ現在に心を奪われて、己の未来を見まいとする。哲学的には、このふやけた陰険な思想は、前代の遺物にすぎず、たいして興味をそそることはない[1]」。

（1） 参考文献31、二二頁〔邦訳『方法の問題』二四〜二五頁〕参照。

サルトルは、その後、現代的なものを考えようとし、大学制度のあまりにも伝統的な枠組を逃れて、フランス以外の諸文化のなかに再び創造力の源を活性化する方途を探ろうとし、さらにはフランス人という集団の歴史の臆病さとタブーを告発しようとするわけだが、そうしたサルトルの無数の企てのなかには、このアルザスとペリゴールの険悪な関係がサルトルの思想に及ぼしたインパクトの全幅が感じ取れることだろう。

第六章　哲学という用具の全能性

『言葉』を読むと、外見上は隅々までコントロールの行き届いた組織物と見えるくせに、実は時系列的順序が一貫性を欠いているという点に気づくが、そこにはまさに、自分の物語の足跡をかき消そうとする傾向が潜んでいると言うことができる。まるでサルトルは何がなんでも主観として留まり、彼の跡をつける者を追いつめようと一生懸命だ、とでもいうようなのである。その軌道のいかなる時点において、サルトルは自分自身のイメージをコントロールするに至り、サルトルはサルトルになったのか、いかなる時点において、全能性と世界の我有化の用具として哲学という用具を採用し、併せて、その後手放すことのない体制転覆的相続人というあの役回りを採用したのか、というと、それはきわめて早い時期、高等師範学校にいた一九二五年三月のことなのだ。そのとき彼はまだ二十歳になっていなかった。

サルトルが入学した一九二〇年代のなかば頃、ユルム通りの高等師範学校は、いまだに第一次世界大戦の後遺症に苦しんでいた。組織が崩壊して伝統的規律の維持が不可能となり、塹壕生活を体験したために学業に復帰するのに困難を抱える学生たちのあいだでは、騒擾が絶えなかった。彼らはしばしば、自分で自分を生みだそうとする、父なし子症状を呈するのだった。[1]「世代から世代へと受け継がれる高等師範学校というユートピア」に関するダニエル・リンデンベルクの分析を取り上げるとして、一九二四年度生のなかでのサルトルの姿勢の特殊性をどのように説明したら良いのだろうか。私は、両大戦間時代の高等師範学校の環境を再現し、当時サルトルがそこで占めていた独特の地位を精密に確定しようと企てて、高等師範学校での彼の同級生に会見を申し込んで無数の時間を彼らと過ごし、多忙のなか、会見に応じてくださった彼らのご好意と、彼らが語ってくれた思い出、そして彼らが提供してくれた写真や手紙や日記類のお蔭で、それを実現することができた。

（1）参考文献84参照。

いくつかの点については、すべての証言が一致している。すなわち、勉学生活の最後の数年間のサルトルは、当時の高等師範学校生の集団のなかで、確固たる世界観を持った早熟な個人、驚嘆せざるをえない人物と思われていた。それは、その「おおいなる威信」（ジャン・バイユー）のお蔭であり、「該博な知識と大胆さと知的な力強さのお蔭」（ジョルジュ・カンギレム）、そのカリスマ性――「彼は自分のグループを持っていた。彼を中心とするちょっとした綺羅星のごとき面々だ」（オリヴィエ・ラコンブ）――のお蔭、その毅然たる気骨――「彼は上から下まで自分を自分の力で作り上げた。作家になりたいと思い、そのことしか念頭になかった」（アルマン・ベラール）――のお蔭であり、その奇抜な独創性――「サルトルは面白い男で、真面目くさったことをしなかった。われわれはみな、ニザンのほうが良いと思っていた」（アンリ・ギユマン）――のお蔭、その生を楽しむ態度――「彼は女に親切で、陽気で、とても良い声をしていた。彼がシャワーを浴びながら大声で歌っていると、その声は廊下から聞こえて来たものだ」（ロベール・リュコ）――のお蔭、そのユーモア――「サルトルとニザンは愉快な連中で、私のプロテスタントの父を陽気な気分にさせることができたのは、この二人だけだった」（ロベール＝ルイ・ワグナー）のお蔭、その独自性――『サルトル語法』というのがあった。猥談じみたことを言うのに、セギュール伯爵夫人〔一七九九～一八七四年。ロシア出身の児童文学作家〕から借用した荘重な語調を用いるというもので、無礼を働くというよりは人をびっくりさせるのを目的としていた」（ルネ・フレデ）――のお蔭なのであった。だれもが一様に、サルトルの文学への情熱を想起した。「サルトルの小説をめぐる神話があった。だれもがそれを話題にし、多少なりともその中身を知っていた」（ジャン・バイユー）。また映画への情熱も、想起した。「彼はとても面白おかしく映画の話をして聞かせ、二〇区のどん詰まりの映画館で素晴しい映画がかかっているのを教えてくれた」（ルネ・フレデ）。

独自の思想を展開し、手を染めたすべての領域を一つにまとめ上げて、早くも十八歳のときから、心理学や哲学や文学や美学において、きわめてすぐれた独自の思考カテゴリーを駆使しているところを見せている。「毎週、毎月、彼は新しい理論を作り上げた。彼はそれの是非を私に問い、私は彼と討議した」（レイモン・アロン）。サルトルの力強さというのは、きわめて強力な美学的計画を持ち、他の計画も含めてすべてのものをその計画のための道具にしてしまう、という点であった。哲学は彼にとって、自分を理解するための用具であると同時に、文学生産の用具でもあり、そのことはずっとのちに、彼が自分で確証しているところである。「哲学とは何かということがわかってからは、それを作家に要求するのは正常なことと私は思うようになった(1)」。

（1）参考文献82B、二二〇～二五〇頁〔邦訳一九八～二二五頁〕参照。このような考えが論じられている。

一九二八年に、サルトルは哲学のアグレガシオンの筆記試験に、最初の挑戦で失敗する。知的正統性の信奉者たちと、彼らの相続人のうち最も輝かしい者の一人でありながら、彼らと意見調整する気がなく、またそのすべも知らなかった者との、すれ違いに終わった出会いであった。「哲学史の論文の問題は、アリストテレスとオーギュスト・コントの比較についてであった。サルトルの答案は、顰蹙《ひんしゅく》を買った。ヴァール(1)は、良い答えではなかったと言った」（レイモン・アロン）。「彼の落第は、審査委員会の全面的無理解の証拠であった」（モーリス・ド・ガンディヤック）。そして翌年、サルトルは首席で合格する。このことは、教育システムに対して批判的にして創造的な、彼の占める位置というものの難しさを、よく説明している。彼はのちにこのように書くことになる。「一九二五年、私が二十歳の頃、〔……〕弁証法への嫌悪と恐怖は大変なもので、ヘーゲルその人さえ、われわれには未知の人であった。（……）それに対して、われわれにはアリストテレス論理学と記号論理学が微に入り細を穿って教えられた(2)」。

（1）ヴァール（ジャン・）：一八八八～一九七四年、実存哲学の第一人者。パリ大学教授〔訳注〕。
（2）参考文献31、二二頁〔邦訳『方法の問題』二五頁〕参照。

哲学の世界に踏み込んだサルトルは、たちまち期待を裏切られる。この感情は、この両大戦間時代にフランスの哲学教育に対面した学生たちの大部分に共通しているようである。「われわれはお互いに、フランスの哲学教育の低迷期に教育を受けたという感情を大なり小なり抱いていた。それは世界大戦の間接的帰結だと、われわれは考えていた。われわれはドイツ哲学については（そしてとくにフロイトの著作について）、断片的な概念しか持っていなかった。われわれにとっては、ヘーゲルよりもアムラン(1)のほうが馴染みがあった。サルトルは、この遅れを取り戻すために、大急ぎで摂取する決心を固めていた」（ルネ・アイエ）。「サルトルは、フランスの講壇哲学、ブランシュヴィックやラランドのような教授たちに、あまり興味を持たなかった。ソルボンヌの教授たちに対しては敵意を抱いていた。あの連中は面白味もなく、どうしようもない奴も結構いた」（ジョルジュ・カンギレム）。「サルトルとニザンは、ブーグレ(2)は明快すぎると考えていた。そしてドラクロワ(3)とデュマ(4)（この二人のうちではこちらのほうが権威主義的だった）の心理学の講義に関心を抱いていた」（ジョルジュ・カンギレム）。

（1）アムラン（オクターヴ・）：一八五六〜一九〇七年、哲学者。ヘーゲルの影響を受けている〔訳注〕。
（2）ブーグレ（セレスタン・）：一八七〇〜一九四〇年、社会学者〔訳注〕。
（3）ドラクロワ（アンリ・）：一八七三〜一九三七年、心理学者、哲学者。サルトルの指導教授。サルトルの『想像力』は、彼の依頼で執筆・刊行された〔訳注〕。
（4）デュマ（ジョルジュ・）：一八六六〜一九四六年、哲学者、医学者、心理学者〔訳注〕。

哲学界では、二つの支配的形象――一方はベルクソン、他方は、その不倶戴天の敵、ブランシュヴィック――に対して、サルトルは二重の決裂の態度を示す。ブランシュヴィックの合理主義に対しては、ロマン主義の名において反対し、ベルクソンの神秘主義に対しては、現実主義の名において批判するのである。実際サルトルは、オーギュスト・コントからリュシヤン・エールに至る実証主義的科学主義を自分の思想とすることはなかったし、その後もけっしてないだろう。己の発想の根源を、むしろベルクソンの側、つまり創造性と自由の思想の側に捜し求め、唯心論も実証主義も志向することなく、全面的に非宗教的な自由の哲学、いわば左翼のベルクソン主義を企てるという、なかなか維持するのが難しい立場を模索したのである。知的生活の第一段階において、彼は心理学というチャンネルから哲学に入っていった。サンタンヌ病院の患者を観察することに多くの時間を費やしたのである。このエピソードについて、彼はのちにこのように書いている。「私の主観性の観念と私の合理主義は、次第に頑健なものとなっていき、その貧弱さを棄て去っていった。というのも、私は狂気と、それに原始社会を、サンタンヌ病院で発見するのである」[1]。

（1） 未刊行のシナリオ「世紀のサルトル」（アニー・コーエン＝ソラル文書集）参照。

フランス哲学が、他国の文化へのいかなる参照も排除するような（とくにドイツ哲学の排除を伴う[1]）カリキュラムの制度化に埋没していったこの時代にあって、学生たちは、フランス哲学の練り上げ、探究、伝達の形式に対するいかなる再検討も行なうことを禁じられているばかりでなく、フランス以外の哲学的伝統が彼らにもたらしてくれるかもしれないものに対して関心を持つことも、やはり禁じられているのを感じ取っていた。アカデミックな正統性付与の諸形式を手に入れたいという自発的な野心を、さまざまな出来事によってさらに掻きたてられたこの世代の高等師範学校生たちは、次第に、真の哲学はフランス以外のところにあり、フランス以外の哲学の伝統のなかから新たな資源を汲み取るためには、可能なあらゆる体制転覆の様態を利用する必要がある、という考えを抱くようになる。青年サルトルはきわめて早くから、教育制度を問題にし、フランスの大学とは、大学内の政治的戦略の支配に従属させる哲学上の首枷にほかならないと考えた。このような伝統との決裂という代価を支払わない限り、哲学に思想の尊厳を取り戻すことはできないだろう。

（1） このような排除は、参考文献85で研究されている。また、現象学がジャン・イポリットによってフランス語に訳されるには、一九三九年から一九四一年まで待たなければならない。

サルトルとは、哲学が、一つの教育制度とその担い手たちに支えられて、社会的に正統とされる全能の原盤の役回りを演じ、知的世界全体を支配する象徴権力を揮っていた世界の、最後の見本ではないだろうか。彼は、このピラミッドの天辺から出て、哲学というこの至高の用具を身に付けた者であって、この用具を知的生産の他のあらゆる領域に適用し、それによって、哲学の全能の永続性を信じ込ませようとするのではなかろうか。

第七章　体制転覆的遺産相続人

高等師範学校生たちの証言はいずれも、集団のなかでの彼の行動様式の特徴、すなわち権威に対する転覆的態度という点で一致する。体制転覆、皮肉、威勢の良さ、そしてサルトルがつねに堅持する、既成の権威と戦おうとする意志、こうしたものが生まれるのを目撃することができるのは、一九二五年前後の数年間の以下に見るような場面においてである。

政治化した高等師範学校生の大部分は、なんらかのグループに所属していた。社会主義者グループ、共産主義者グループ、平和主義の「アラン派」グループ、あるいはヴァロワ朝王党派グループ、といった具合である。「社会主義者グループは、一五人ほどだった。アロン、ルフラン、ルバイユ、バイユー、ペレ、ペギィ、ギュイヨン、エルラン、デクソンヌ、そして社会主義左派の指導者の一人、ブルーソーディエ、といった面々だ。われわれはフランス社会党第五セクションに加わっていた」（エミール・ドラヴネイ）。「共産主義者グループには、ブリュア、コニオらがいた。私は彼らのシンパだった」（ピエール・

ヴィラール)。「平和主義者グループは、アランの生徒たちからなっていた。彼らは横暴な奴等で、一種ニーチェ主義的とも言える振舞いをし、多くの人を困らせた。大勢の人間を責めたて、(……)本当に人を迫害するような態度で、やくざのように振る舞った」(ルネ・フレデ)。この政治化されたグループは、しばらくのあいだヘゲモニーを握りつづけるが、その「中核」はカンギレムだった(1)。彼は高等師範学校随一の平和主義者で、「最も活動的な分子」だった。社会的正統性と社会への統合の見通しに安住する者たちもいる一方で、「ルバイユと私は、自分が政治家の道に身を投じるだろうと思っていた」(ジョルジュ・ルフラン)。こうしたなかで、サルトルは異色だった。「彼は本来は無政府主義傾向の人間だ」(レイモン・アロン)。「サルトルはシニカルな人間だ」(モーリス・ド・ガンディヤック)。「彼は政治的観点から見ると、一生涯、小児的なままだった。それに歴史音痴だった」(ジョルジュ・ルフラン)。

(1) カンギレム(ジョルジュ・)：一九〇四～九五年、哲学者、科学思想史の第一人者〔訳注〕。

サルトルがその体制転覆の能力を発揮したのは、高等師範伝統の年に一度の演芸会《レヴュー》のとき、そして同級生に仕掛けた数多くの悪ふざけの機会においてだった。「それまではわれわれは、教育将校に対しても教授に対しても、微笑ましいが、辛辣さのない皮肉を向けるだけだった。ところが一九二五年には調子は一変した。舞台上では、非常に荒々しいやり取りが繰り広げられたのだ」(ロベール・リュコ)。教育制度に対するサルトルの批判は、年に一度の演芸会のたびに明瞭に表現された。「演芸会を彼が牛耳っていたのは、人生を楽しむその態度のためであった。彼はリーダーで、同級生の陽気で愉快で活気に満ちた指導者だった」（ルネ・リュコ）。

（1）この点に関しては、ジャン＝フランソワ・シリネリがその著作のなかで用いている「知的世代」の概念の有効範囲を制限するのが適当であろう。この概念は還元的であり、サルトルの位置の独自性を説明するには適切でないと思われる。参考文献86・87参照。

サルトルは〔演芸会の演目のなかで〕、このうえない権威の形象であるギュスターヴ・ランソン（四分の一世紀ものあいだ、高等師範学校の校長を勤めた）に挑みかかった。ランソンは、フランスにおける文学研究体制の中心人物であり、大学界にもかなりの支配力を揮っていた。ランソンが樹立した政策とは、「卓越した言説の技量という秘密兵器を駆使して、いかなる戦線にも介入する能力を有するエリート集団を擁するという国家の要求に対する答え」[1]にほかならなかった。しかしながらランソンは、高等師範学校の特殊な機能とは、「公務員の幹部を供給するということよりも、〔エリートを生みだす〕酵素たることであり、水準を決定する」[2]ことであるという自覚もまた持っていた。その著書『文学の第三共和国。フローベールからプルーストまで』のなかで、アントワーヌ・コンパニョンは、編中の「文学的不滅性」[3]という論文で、ギュスターヴ・ランソンは、事実上、サルトルにとって二重に圧倒的な形象であったことを指摘している。というのも「文学的不滅性とは、第三共和国のものである。なぜなら、フランス文学の歴史は（……）祖国の福音書となったからである」[4]と、解説している。そしてこう付け加える。「サルトルは、第三共和国の優等生だった。彼はポワンカレ、（……）ファリエール、（……）エリオ〔という歴代大統領〕の治下で成長し、『公務員の政党』である急進党支持の祖父に手ほどきを受けた」[5]。サルトルの体制転覆活動は、祖父シュヴァイツァーによって伝えられたと同時に、ギュスターヴ・ランソンによって代表されてもいた、伝統的な文学的権威に向けられたのである。早くも一九二〇年代に始まった個人的決着をつけようとする動きは、最後まで果てしなく続いていった、と考えられる。

（1）参考文献84、二六九頁参照。
（2）同前、二六九〜二七〇頁参照。
（3）参考文献88、九五頁参照。
（4）同前、一一二頁参照
（5）同前、一一三頁参照。

しかし、ピエール・ヴィラールの証言によれば、一九二七年にサルトルは「度を過ごした」（ポール・ボンクール法が制定されたのである。これは特別の予備教練によって、「わが国の人的資源を国土防衛の方向に向ける」ことを定めたものであった）。サルトルはまず最初に、この法に反対する請願書を回覧させた。「それはサルトルの理論的マニフェストでした。『人に兵士になる義務を課すことは許されるが、将校になる義務を課すことは許されない』と彼は主張していました。私は請願書に署名しました」（ピエール・ヴィラール）。署名は五四人分集まった。その年の演芸会ではサルトルは、高等師範学校の予備教練に配属された将校であるカンビュザ大尉の役を演じ、顰蹙を買うようなシャンソンを作詞した。「彼は演芸会のなかに、それまで例のない攻撃的な反軍主義を持ち込んだのです。カンビュザ大尉当人は事態を寛大に受け止めましたが、校長のギュスターヴ・ランソンは、大尉に謝罪し、学生たちに訓戒しました。彼自身の息子も、世界大戦のあいだに死んだのですから。サルトルは、彼に反論して、ランソン自身はその年齢からして今後は戦争に無縁でいられるかもしれないが、自分自身と自分の学友たちは、戦争の当事者か犠牲者になるだろうと、言いました。サルトルはこのように自分の倫理的自律性を主張していたわけです」（ルネ・リュコ）。学生たちは譴責を受け、大臣は報告書を作成した。『ウーヴル』誌や『ヴィクトワール』誌にまで記事が載ったのだから、事件の波紋の大きさが推し量れるというものである。そして『高等師範学校校友会報』も、「若き高等師範学校生は節度を踏み外した」と、この事件を報じた。

またサルトルは、他の学生によく悪ふざけを仕掛けたものだが、そうした悪ふざけを通して行なわれる、権威に対する挑発と多様な攻撃のなかに、彼は「ジュール・ロマンの伝統に棹さす難解なボキャブラリーを用いて、〔高等師範学校生であるという〕同学感情」に対する愛着を華麗に表現したのである（バイユー）。高等師範学校での歳月は、彼の政治的自己形成が行なわれたるつぼなのではなかろうか。というのも彼は、この時代に、無政府主義傾向の小集団のメンバーにして、あらゆる悪ふざけのオーガナイザーであり、不敬と非礼を旨とするあるサークルの創始者であって、まさに体制転覆的遺産相続人の面目躍如たるものがあるのだ。そしてこの不敬と非礼の姿勢は、一生涯続くのである。逆説的だが、サルトルの政治的なものへの関わり方は、フランス哲学のある種の範例に合致している。フランス哲学は、ドイツ哲学の伝統とは逆に、政治的なものを契機として発言する権利をつねに行使して来た。その意味では、生まれて初めて体制転覆的能力を実行に移すことによって、サルトルは、フランスの伝統的な姿勢を代表したとも言える。教授としての職業人生への拒否、のちには国境の外にまで赴き、哲学において現在何が起こっているのかを知るためにベルリンにまで行かなくてはならなかったという必要性、哲学教育制度への批判、現在を考えるという必要性により合致する新たな道を模索しようとする選択、これらのことはこのようにして理解することができるのだ。こうした道を選ぶというのは、彼にとって、文学批評や、シャンソンや、戯曲や、小説といった、哲学以外の論述形式を模索することであり、映画のような、当時は姿を現わしたばかりで、まだ正統性を付与されていなかった芸術形式へと脱出することでもあった。映画に対して彼は早くもこの時代に、美学的概念化を行なっている[1]。

（1）「映画を称える、国際的芸術の擁護と顕揚」、参考文献55、三八八〜四〇四頁参照。

体制転覆的遺産相続人としての二十歳のサルトルのこうした描写のなかには、すでにいかなる形態の権威にも逆らう不遜な反逆者の姿がほのかに見えはじめている。それは一九五〇年代の、ド・ゴール将軍への反対者であり、一九六〇年代の、アメリカ合衆国への反対者であり、一九七〇年代の、毛沢東主義者集団の保護者にほかならない。

第八章　社会の埒外と他所の文化との探索——一九三〇年代の危機

一九三〇年代という期間は、おそらくサルトルの軌道のなかで最も知られない時期であるが、多くの点で興味深い。それは相次いで危機が見舞った時期だが、このあいだに作家サルトルの世界像、哲学と文学の作品、倫理学が練り上げられていった。学生からリセの教授という別の次元に立つことになった彼は、己の権威に対する拒否を社会的に編成し、既成の社会に対していかなる観点からもいかなる妥協もすることなく、いかなる制度的職務も受け入れることなく、自分を取り巻く環境を否定し、社会的変化は彼自身から始まるという考え方を堅持して、代替的な対抗社会を上から下まですっかり作り上げた。それはまず何よりも、拒否であった。慣例通りに教授の仕事を行なうことの拒否、リセ内の序列の拒否、ル・アーヴルのブルジョワジーへの拒否、夫という役割の拒否、所有者としての身分の拒否、さらには市民としての身分さえも拒否するのだ。なにしろ彼は選挙で投票しないし、一九三六年の人民戦線の大ストライキの労働者のデモの列が表通りを通るのを、奥の片隅から眺めるだけだった（彼は三十一歳になっていた！）。だから彼にあって、世界への目覚めはことさら遅かったと言うことができる。

当時のサルトルは、根本的に絶対自由主義的で不遜な、反制度的な人物であり、早くもこの頃から、日常の生活様式をめぐる論争においては、アナルコ・サンジカリスム的な絶対自由主義的潮流に合流する立場に立っていた。彼はその後も、このような立場の優位をけっして失うことはなく、教師と生徒の序列的関係を嫌い、何びとにも恩義があるとは認めず、同年齢の者といかなる対話のチャンネルも設けることなく、非常に暴力的かつ体制転覆的な言説によって己の真理を述べ、日常の生活様式としては根底的に逸脱的な新たな作動様式（一夫多妻制、金銭に対する関係、など）をゼロから作り直すことだろう。サルトルは、自前の変化の神話を作り上げて、自分は絶え間なく変化するのだと主張しているけれども、実はこのような代替的なミクロ社会の構築のしかたにおいては、その軌道の最初から最後までまことに一枚岩的な人物なのである。

単独者という彼の計画、徹底的個人主義の計画は、主体の哲学のなかにその根源を有する。すでに一九三〇年には、フランスの大学を標的にして、「哲学者、すなわち共和国の官吏たち」を罵倒した『真理伝説』のなかで、彼は、己の思考の独立性によって社会に対して屹立する単独の個人を称揚している。彼は一つのテクスト（「偶然性の弁駁書」、これはやがて「メランコリア」となり、ついで『嘔吐』となる）を書くことによって、粘り強くこの思索を続けた。このテクストは、まことに難解であって、知的な面でも（シモーヌ・ド・ボーヴォワール）、出版に関しても（ニザン、ボスト、ほか）、それを人びとに受け入れさせるための交渉にあたる通訳が必要となるだろう。当時のサルトルは、己の筆の力を認めさせることにまだ成功しておらず、審美的・理論的な機能だけに留まっていたわけである。

「偶然性の弁駁書」の最初のヴァージョンは、すでにル・アーヴルでの経験から引き出したあらゆる成果を見事に組み込んでおり、のちに第二ヴァージョン、ついで第三ヴァージョンで展開し、確定することになるいくつものテーマを紡ぎだしている。「下種野郎ども」(1)のブルジョワ的思考のカテゴリーとしての「本当らしさ」、ヒューマニズム批判――忘れがたい堂々たる件《くだり》(2)となって結実することだろう――、記憶とは要するに真実の虚構であるとする断定、冒険とは幻想であるとの発見、さらにとりわけ、過度の明晰と狂気という破局に先立つ限界的体験のなかで実現する現実存在と偶然性の知覚、といったテーマである。

（1）原語はsalaud。『嘔吐』における、ブルジョワや俗物に対する蔑称。『嘔吐』の邦訳では、「ろくでなし」と訳されている〔訳注〕。
（2）『嘔吐』のクライマックス、「マロニエの根」の件の直前、独学者と昼食を共にした主人公アントワーヌ・ロカンタンは、独学者の人間愛の信条告白を聞きながら、ヒューマニズムへの批判と嫌悪を展開する。衝撃的な件である〔訳注〕。

『戦中日記――奇妙な戦争』のなかで、彼は当時陥った鬱病について語っている。なぜそのような鬱状態に打ち沈んだのか。通過儀礼、つまり成人の年齢への移行の儀礼のせいであり、それはまた、規範を逸脱した生活様式のために支払わなければならない対価、さらには、何度も出版社から断わられたことでもわかるように、難解で突飛な彼の文学計画のために支払わなければならない対価であった。しかしそれだけではない。オルガ（シモーヌ・ド・ボーヴォワールの教え子）に邪険に振られるという失恋も一役買っていたし、『想像力』の執筆という、最後には彼の心の安定を掻き乱すことになる企ても、事を紛糾させるのに寄与したのである。『想像力』執筆の際、彼は学術的理由から、幻覚患者が見る映像の本性を理解しようと試みる。そこで元クラスメートのダニエル・ラガッシュに、視覚的幻覚現象の実験をするために、メスカリンを自分に注射してくれるよう頼んだのである。「三筋の小さな雲が私の前に現われた」と、彼は『想像力』のなかで語っている。「その現象は、当然ながら私がそれを把握しようとつとめるや否や、消え失せた。（……）これらの三筋のちょっとした霧が消え失せた直後に、それが私の記憶に委ねられたその仕方には、何かとりとめのない不思議なものがあったが、私が思うに、それはまさしく、意識の縁にそうした解放された自発性が存在していることを伝えていたのである」[1]。

（1）参考文献6、二〇二頁〔邦訳三〇一〜三〇二頁〕参照。

一連の発作、病的な暴走は、周知の通り、制御され、ついで芸術生産によって昇華される。サルトルは転落し、ついで相対的に浮上し、最後にはなんとか脱出する。その間に彼は、あらゆる種類の周辺部を探査し、すすんで自分自身の狂気と戦おうとする意志的な動きのなかで、それらの誘惑を払い除け、己の狂気と折衝を重ね、それを審美化し、ついで昇華し、とにもかくにも自分の文学計画を最後までやり遂げるのである。『壁』と『嘔吐』の制作こそが、その証明にほかならない。

彼が抜け出すのに成功したのはまた、フランス文化の国境を越えた系統的な探査のおかげでもある。このように他の文化を探査することのなかに、彼は自分自身の問いかけの正当化を見出す。彼が何よりもまず疑問とするのは、自分自身の教養と受けた教育が提供する知的用具が、世界を読み解かねばならないという差し迫った緊急性に対して妥当なものかどうかという点である。そして彼は、まさにほかの場所に、すなわちフッサールのなかに、ドス・パソス、ヘミングウェー、フォークナーのなかに、さらにはそれに留まらず、ヴァージニア・ウルフとジェームス・ジョイスのなかに、己の探求の正当化を見出すのである。

のちにこの時期のことを回想して彼は、アメリカ小説の発見が自分にとって「紛う方なき革命」であり、それが自分自身の文化的展望のなかに大転換を引き起こしたと、語ることになる。「私がいま言及した近年の小説家たちにあって、私たちの熱狂を呼び覚ましたものは、彼らが物語を物語る技法において遂行しつつある紛う方なき革命なのです。過去一世紀以上も前から、小説の作中人物を扱うための公認の方法とは、知的分析というものでしたが、それはいまや、時代の必要に適応しない古めかしい機構となっていました。総合的心理学は、一つの心理的事実とは分割不可能な全体をなすものだと私たちに教えていましたが、知的分析はそうした総合的心理学とは対立するものでした。それは、いくつもの知覚事実が一時的もしくは恒久的に一つにまとめられたものという形をとる事象の総体を、描写するためには使えなかったのです」。

とりわけ、従来の文学は現在を扱うことを拒否しているとして批判しつつ、彼はこう続ける。「私たちの頭上には暗雲が立ちこめていました。スペイン戦争があり、強制収容所がドイツ、オーストリア、チェコスロヴァキアに次々と建てられました。いたるところで戦争の脅威が迫っていました。ところがプルースト流、〔ヘンリー・〕ジェームス流の分析が、依然として私たちの文学上の唯一の方法、お気に入りの手法だったのです。しかしそれでは、アウシュヴィッツでのユダヤ人の過酷な死、フランコの飛行機によるマドリード爆撃を扱うことはできませんでした。ところがそこに新たな文学が登場し、その作中人物を総合的なやり方で私たちに提示したのです。作中人物が、私たちの目の前で遂行する行為は、それ自体で充満しており、分析することは不可能です。それを十全に捉えるためには、私たちの魂の得体の知れない力をすべて動員しなくてはなりません。（……）ヘミングウェーやコールドウェルの作品の主人公は、けっして説明できません。解剖することができません。彼らはひたすら行動するのみです。（……）深い井戸の底から吹き出すように、突然噴出するがゆえに、生きているのです。彼らを分析するのは、彼らを殺すに等しいのです」。

フランス文学の伝統のすべての成果を、サルトルがいかに激しく否認しているかが、窺える。「彼らを分析するのは、彼らを殺すに等しいのです」という科白など、まるでそれらの人物たちが行為によって救われることを彼が要求しているように、聞こえるではないか。そして、いまやアメリカの新しい小説家たちが創出した技法のみが、この事態を改善することができるとでもいうように。「作中人物の魂のなかで何が起こっているかを読者に理解させるための技法として、私たちがずっと以前から用いていた技法はいくつかあります」と、彼はさらに述べる。「たとえば、決然として、以下のように書くのです。『彼はこう思った。〈暑い。果たして私は丘に登ることができるだろうか〉』。あるいは、『間接』文体を用いる手もありました。これをわが国の文学に導入したのはフローベールだと言う人もいますが、ラ・フォンテーヌだと言う人もいます。『ポールの歩みは困難だった。暑かった。いやはや、自分には丘を登る力があるだろうか』。あるいはまた、最近イギリスから借用した、ジョイスを真似た技法。『いち、に、一、二、ひどい暑さだ。この俺は、一体全体、丘に登れるだろうか』。これらの技巧は、いずれも同じように真実であるか同じように虚偽であるかなのですが、人物が自分に対して意識的に述べたものしか明かしてくれません。感情や志向が、言葉によって表現されることのない感情や志向がうじゃうじゃとひしめく明瞭ならざる地帯は、必然的にすっぽりと抜け落ちてしまうのです」。

この発見を前にして、サルトルはときに誇張的となり、次のように断言したりする。「アメリカ作家たちは、こうした過去の遺物たる技法から私たちを解放してくれたのです」。そしてそのあとに、長い具体例のリストが続く。

「フォークナーが選んだ手法は次の通りです。（……）人物の意識が充満しているときは、人物を外側から提示し、それからいきなり、彼らの魂の奥底を私たちに示してみせるのです。ところがそのときには、そこにはもはや何も残っていません。こうして彼は、彼ら作中人物たちを行動に駆り立てるものはすべて、明瞭な意識のレベルより下のどこかにあるという錯覚を抱かせるのです。ドス・パソスは、作中人物のどんなに秘かな思念のなかにも、集団の思念が介入していることを、より鮮明に実感させるために、社会の声とでも言うべきものを作りだしました。それは月並みでもっともらしい声で、絶えず人物の周りで喋り続けており、それが体制順応的な凡庸さのコーラスなのか、人物自身が心のなかにしまい込んでいる独白なのか、けっしてわからないのです」。

最後に自分の分析を、科学上の大発見の歴史に喩え、新しいものへのみなぎる情熱を表明しつつ、彼はこう締めくくっている。「これらの技法は、一九三〇年の私たちにとってはどれも新しいものでした。私たちはまずそれに惹かれたのです。しかしそれだけではありません。ラッセル他の人びとがユークリッド幾何学の根底にあるいくつかの公準を暴きだすことができたのは、リーマンとロバチェフスキーが道を切り開いたおかげですが、それとまったく同様に、これらのアメリカ作家たちは、私たちが小説芸術の古今不変の法則と思っていたものが、一群の公準にすぎず、排除しても危険はないということを、私たちに教えてくれたのです。フォークナーは私たちにこう教えました。物語を時系列の順序で物語らねばならないという必要性は、公準にすぎず、物語はどんな順序で語ってもかまわない、著者がそれで状況と環境と人物を的確に把握することができるのであるなら、と。

ドス・パソスは、話の筋の単一性などというものは、偽りのものであると、私たちに教えてくれました。互いに関連のない二〇の個別的な話を並列して、一つの集団的出来事を描写することもできることを示したのです。こうした啓示によって私たちは、フローベールやゾラの古典的作品に対して、ちょうど旧来のユークリッド幾何学に対する非ユークリッド幾何学に相当するような小説を構想し執筆することができるようになったのです。別の言葉で言うなら、アメリカ小説の影響は、私たちの国に技法上の革命を引き起こしたのです。彼らアメリカ作家は、新たな用具、柔軟な用具を私たちの手に与えてくれたのです。その用具によって私たちは、それまで私たちが扱うためのいかなる手段も持たなかった主題に取り組むことができるようになったのです。すなわち、無意識、社会学的出来事、現在および過去における個人と社会の真の関係、といった主題に[1]」。

（1）「フランス人から見たアメリカ小説家」(Les romanciers américains aux yeux des Français)、『アトランチック・マンスリー』一七八巻二号、一九四六年八月。

その当時、サルトルにとって、アメリカ合衆国につぐ第二の大きな革新の源泉は、ドイツだった。ドイツは文化的モデルの強大な輸出国であり、紛れもない知的星雲をなしていた（文学、詩、哲学の星雲を。ちょうど十八世紀に、ヴォルテールがプロイセン、イングランド、スウェーデンから源泉を汲み取ったのと同じである）。彼が最初の本当の留学を実行したのは、ベルリンにおいてである。彼にとって、ドイツへ行くということは、自分の思想の礎石となるドイツ思想へと文化的参詣を行なうことにほかならなかったのである。

こうして一九三三年から三四年、彼はフッサール、ついでハイデガーを読んで、現象学を発見する。これは彼の哲学思想を刷新し、豊かにした。その三年後、彼はフッサールの思想をめぐって四〇〇頁の哲学論考を三カ月以内で書き上げ、翌年、〔ジャン・〕ポーラン〔『NRF』編集長〕の求めに応じて、短いフッサール論を書く。「親愛なる友よ。現象学は専門的哲学でして、その様相の一つでも文学的な外観のもとに読者に示すことは、かなりに難しいことです。私はそれに成功したかどうかわかりません。しかしともかくできる限りのことは致しました。貴方におかれましては、この小論をお好きなように扱ってくださって結構です。掲載すべきとお考えなら、結構なことです。しかし屑籠に捨ててしまわれても、私の作者としての矜持を傷つけることにはなりません……」。サルトルのこの謙遜ぶりは、ポーランにとって愉快だったに違いない。論文は『NRF』の一九三九年一月号に掲載されたが、中身の詰まった輝かしくも優雅な論文で、滅多にない表現の巧妙さを発揮していたからである。「フッサールは、恐怖や魅惑を物のなかに据え直した。彼はわれわれに、芸術家と予言者たちの世界を復活させた。（……）われわれが自分の姿を発見するであろうのは、なんだか知らない隠れ場所のなかなどではない。それは、諸物のあいだの物として、人間たちのあいだの人間として、街道上で、街のなかで、群衆のさなかで、なのだ[1]」。

（1）「フッサールの現象学の基本的観念――志向性」、参考文献17、一二九〜一三一頁〔邦訳二九〜三〇頁〕参照。

注目に値するのは、まだ無名の青年であった――しかし彼は粘り強く、要求水準が高かった――サルトルによる承認が、呼び起こした反響である。フォークナーは、自分の国では認められず、愛されておらず、サルトルにはこのうえない恩義をつねに感じることになる。ハイデガーはのちに、『存在と無』を読んだのち、サルトルに次のように書き送る。「独立した思想家で、私の思考の出発点となった領域の経験を徹底的に行った人にお会いするのは、これが初めてです。貴方の本は、私の哲学を即座に理解されたことを証明しています。そのような例は、これまでに出会った試しがありません[1]」。

（1）一九四五年十月二十八日付けの手紙。

このような単独者の哲学が、どのようにして一九四五年のアンガジュマンを行なう人間の哲学へとたどり着くことになるのだろうか。それには戦争の体験、アメリカ合衆国でのジャーナリズムの体験[1]が必要だっただろう。それがサルトルに、現実的なものの洗礼を浴びるように強いて、彼をその泡から引き出してくれることになる。こうして彼は、政治についての、そして政治のなかで自分が占める位置についての、新たな知覚を身につけることになる。それによって彼は、己の個人的展望を根底的に転換し、介入すべき領域を拡大し、得意分野を一つ付け加えて、実践を展開するだろう。それ以降、死に至るまでの彼の思想の大きな定数の一つとなる、〔政治的なものという〕この分野のなかに、全体化的な知的計画を伴う論争的責務を発見することになるだろう。

（1）参考文献77に所収のアニー・コーエン＝ソラル「サルトルとアメリカ合衆国」を参照。

第九章　「ものを学ぶための唯一の方法は、疑義を差し挟むことである」
——知の伝達についてのもう一つ別の考え方

私は先ほど、サルトル死後の数年間に彼の作品をめぐって繰り広げられた論争のなかで目立った感情について述べたが、なかでもジャン＝ポール・サルトルはたぐい希な教育者であったという証言がいくつも出されたものである。サルトルという教育者のインパクトを私に伝えようとした熱烈な証人たちとは、ル・アーヴルのリセ、ラーンのリセ、〔パリの西北郊外の〕ヌイイのリセ・パストゥール、パリのリセ・コンドルセという、彼が一九三一年から四四年までのあいだに哲学を教えたすべてのリセの教え子たちだった。一九三一年三月に最初に教室に足を踏み入れた日から、サルトルは決然として、あらゆる教育実践、あらゆる慣行、あらゆる管理行政、あらゆる確信に挑みかかる新たな教育実践を開始し、さらにまた、自分が教育を行なう当の学校の権威とヒエラルキーに対する体制転覆装置となったのである。

早くも二十五歳のときに、彼はル・アーヴルの第一期の教え子たちにとって、およそ最も意表を突く教育者となった。同僚の慣行にいちいち逆らって、パイプをやり——希なことだった——、ノーネクタイでセーターを着用し——異様だった——、急ぎ足で教室に入ってくるなり、ノートもなしで直ちに話しはじめるのだった。手はポケットに入れたまま、机の上に座ったり、教室の真ん中を歩き回ったりしながら。生徒には、いささかの上下関係の気遣いもなしに接し、「ガキどもではなく、人間に」語りかけるようにして、聖アンセルムスと精神病、カントとル・アーヴルのブルジョワについて語り、映画の初歩の手ほどきをし、彼らとピンポンやボクシングの試合をし、授業のあとにも、冬はカフェで、春は浜辺で議論を続け、推理小説とアメリカ小説を読むよう仕向けるのだった。

「私はクラスでトップの連中にはそれほど目を掛けることはなかった」と、のちに彼は説明している。「とりわけ思想を持っている者、ものを考え始めている者、すっかりでき上がってしまった者ではなく、みずからを作りつつある者に関心を寄せたものだ」[1]。ここには、みずからを作りつつある者、自分を探している者へのサルトルの恒常的な関心、青少年との結託、あらゆる国のあらゆる種類の青少年との結託、そして埒外に（制度の、国家の、権力の、そしておよそ規範という規範の埒外に）位置する者への無条件の支持、こういったものが認められる。ル・アーヴルという都市は、「丘の人びと」と下町の港の区域の住民とのあいだのひじょうに際立った社会的差異を抱えており、海岸の絶壁の上のサント・アドレス地区に建ち並ぶお屋敷は、町全体を睥睨していたが、このような都市であるル・アーヴルのリセには、船主の息子と港湾労働者の息子が混じり合っていた。それからずっとのちに、五月革命の最中に、大学の危機を分析した際、サルトルはこの点に立ち戻る。「教員たちは、学生大衆のなかからエリート層に組み込まれるだけの価値があると見える者を見つけ出すことではなく、学生大衆全体が文化に到達するようにすることを責務とするのでなければなりません。それはもちろん、別の教育法を前提とします。すべての学生に関心を抱き、すべての者から理解されるよう試み、彼らに対して語るだけでなく、彼らの話にも耳を傾けることを、前提とするのです[2]（……）」。

（1）参考文献82A、三三二頁〔邦訳三二八頁〕参照。
（2）参考文献41、一九一頁〔邦訳一三九～一四〇頁「レイモン・アロンの城塞」〕参照。

ル・アーヴルでの彼の最初の教え子たちの証言は、次のような具体的なディテールをいまでも刻み込まれている。サルトルとの最初の出会いがいかに衝撃的なものであったかが、窺えるというものだ。『ここには最小限の持ち物だけ持ってくるようにしなさい。万年筆一本、鉛筆が一本、それにノートブック、これが不可欠にして充分な道具です』。これが教授の最初の指示でした。こう言うと、教授は私たちの真ん中に陣取って、討論を始め、質問を促しました。ですから、教授が高いところから一方的に話す講義ではなく、講演でもなく、雑談のようなものでした」と、ロベール・マルシャンドーは私に書き送ってきた。「革命的だったのは、彼の方法でした。彼はバカロレアの受験勉強などは無視して、精神を形成させることに専念しようとしました。これに不平を言う者はだれ一人いませんでした。それほど彼は生徒たちの心を捕らえていたのです。宿題については、提出された宿題のなかから任意に一つ取り出して、一人の生徒にそれを読ませ、全体の意見を聞きました。宿題の採点は、こういうふうにクラス全員によって行なわれたのです」と、ピエール・ブリュマンは述べている。「サルトルの授業は、既成の通念に疑義を呈することであり、批判的精神を発達させることであり、知的な誠実さのなかで独自の思想を育むべしという要求でした。テレンティウス〔古代ローマの喜劇作家〕の思想の現代化でした。『人間に関することならみな人ごととは思わない』という彼の思想は、すべての人間を互いに連帯する者にするだけでなく、集団的に責任を持つ者にするのです。道徳の授業は、彼に自分の考えを表明する機会を与えました。何らかの問題について関連する多様な主張を教えたあと――試験に受かるにはこれだけで充分でしたが――、今度は自分がそれについて考えるところを述べたのです。それは実に面白い授業となりました。彼が述べる考えの斬新さと非順応主義的性格は私たちを驚かせましたが、クラス全員がそれをめぐって討論したからです。彼のおかげで私は、フランス文学や外国文学や映画が好きになったのです」と、ジャン・ジュスティニアニは私に説明してくれた。

一九四三・四四年度にリセ・コンドルセでの生徒だった建築家のジャン・バラデュールは、彼が取った授業ノートを絶えず探しだしては、コピーを取ったり書き写したりして、実に大量の資料を私に提供してくださった。そのおかげで私は、サルトルのメッセージの独特の内容がどのようなものであったかを理解し、その人となりを把握することができたのである。その手紙のうちの一通で、彼はこう書いている。「私としては、サルトルを文学の『人』とか『演劇人』にしてしまうと、彼の政治行動を理解することは不可能になると思います。根本的にサルトルという『人』は、まず第一に、しかも『本質的に』哲学者なのです。（……）私の言う哲学者とは、哲学の教授、専門家、哲学書の著者を意味しません。その人にとって世界の『観念』は世界の動きと切り離せない、そういう人のことを意味します。つまりそういう人にとって、世界は『意味＝方向』を持っています。この意味＝方向を、彼は思考によって熟知するだけでなく、自分自身の主体性において体現するのです。（……）サルトルは世間知らずのお人好しでも、臆面もない打算家でもなく、哲学者だったのです。彼の『あり』方は、彼が現実を考えるやり方から生みだされたのです」。

教育者としてサルトルは、だれも敢えて実行に移そうとはしないような教育実践を決然として開始した。しかも周りを顧慮することもなく、大胆不敵に行なったのである。伝統的文化のあらゆる先験的原理を根底的に再検討し、伝統と過去は恣意的なものであって、それよりは体験された状況のほうがはるかに重要だと主張し、自分が代表している制度機構が持つ上下の序列的組織のあり方は人為的なものにすぎないと宣言し、それにかわるものとして自分自身の計画を、予告なしにいきなり押し付けたのである。

まず始めは教室で、そしてやがては、会場に集まって、卒業式の典礼化された儀式という、伝統の称揚の手本中の手本のようなものが始まるのを待っている無邪気な聴衆の前で。一九三一年七月の卒業式で、彼は恒例の演説を行なうという輝かしい特権を与えられた。若いその年齢のためでもあるが、彼の知的正統性のためでもある。サルトル的実践が最初に公衆の面前に登場したこの大事件を、早速見てみよう。ル・アーヴルのリセの文書保管庫には、「カーン大学区ル・アーヴル・リセ」という慣行通りのレターヘッドの下に、「卒業式、一九三一年七月十二日、教授資格保持哲学教授、サルトル氏の演説」と題するテクストが隠れていた。質問を受けた多くの証人が、すでに忘れがたい出来事として言及していたこの演説は、父母たちを愕然とさせ、生徒たちを恍惚とさせた。まさにスキャンダルだった。いささかの検閲もなく、いささかの遠慮もなく、いささかの言い落としもなく、フランス社会の最も典礼化された儀式の一つに参列する八〇〇人の聴衆を前にして、その場で国家権力と、州とリセのヒエラルキーとを代表するお歴々を前にして、教授たちのなかで最も威信ある教授たるサルトルは、例外的な巧みさと平静さと尊大さをもって、体制転覆行為を遂行する。

五月革命の際、学生の反乱の条件と彼自身の教育実践の特殊性について質問を受けたサルトルは、単にこう答えている。「右隣には県知事、左隣には校長が座り、目の前には石になったかのように身動き一つしないリセの生徒という状況で、卒業式の演説をしたときよりも、みなさんが静聴してくださったときのほうが、はるかに自分を『主権者』だと感じたものです」。サルトルが決然として拒否するのは、彼の知的正統性が彼にまとわせる権力という暗黙の前提である。また階層序列的な組織形態の偽善性を、トランプ・カードで作った城のように、公衆の面前で灰燼に帰せしめることに、彼は打ち興じている。サルトルとは、まことに許しがたい人間ではないか。然るべき慣行、制度機構と過去への強制された敬意という、重苦しい致死性の偽善に対する、挑発の機械、攻撃の武器となったこのサルトルとは。許しがたいではないか、サルトルは。己自身の出身母体にほかならない制度、己を聖別してくれる制度を罠にかけるとは。許しがたいではないか、サルトルは。己自身の社会的地位を裏切って、青少年と結託し、彼ら青少年の諸価値、現在の文化、「真の文化」、これからつくりだすべき文化を擁護し、先人たちへの、そして師から示唆された文物への受動的尊敬を神聖なものとすることをやめようという己の計画と、現代の空間の能動的な探査を志そうとする己の選択を、堂々と宣言するとは。

一九三〇年においてフランスの地方都市で映画がどんなものと考えられていたか、想像できるだろうか。サルトルはみずから、次のようなアナトール・フランスの言葉を持ちだす。「映画は、民衆の最悪の理想を具象化する。(……)それはこの世の終わりではないが、文明の終わりなのだ」。そして、彼はこの機会に飛びついて、ずっと前から自分の愛好物の一つであったこの芸術を擁護し、のちに「偽の文化」と呼ぶことになるものに公然と挑みかかるのである。「映画は現代文明を反映する芸術です」と彼は主張する。「実に親しみのある、私たちの日常生活に緊密に結びついた芸術なのです。そこには気軽に入って行けます。映画館では、話をしたり、笑ったり、ものを食べたりします。この民衆芸術にはことさら尊敬の意を表する必要はありません。演劇芸術がわれわれの先輩たちに与えていた楽しみのなかに半分ほどは含まれていた、あの荘厳で身を飾ることはいささかもありません。映画はいい奴で、もっと私たちに近いのです。映画が本当に芸術であることを証明できたなら、私たちとしては風俗習慣の変化を寿ぐだけで良いのです。（……）

映画芸術に対するみなさんの全面的な不敬、映画に対する邪険なやり方は、凝固した賛嘆と感覚の混乱と聖なるものへの恐怖との混合よりは、みなさんにとってはるかに有益です。わが国の古典的大作家は芸術家であると、みなさんは耳に胼胝《たこ》ができるほど言い聞かされています。みなさんは、彼らの美しい文章を警戒しています。うっかり油断していると、それを口実にいくつもの質問が浴びせられるからです。しかしおそらくは、みなさんは不承不承ながら、彼らと付き合うことのなかから徐々に何らかの利益を引き出しているのであり、その利益が有益であることはやがておわかりになるでしょう。それはそれとしてみなさんが、先生方もご両親も知らない暗いホールのなかで、耳に胼胝ができるほどしつこく押し付けられることのない、控えめな芸術を見出すことができるというのは、結構なことです。それが芸術であるとみなさんに告げようとは、だれも思いもしませんでした。一言で言うなら、みなさんはそれに対して無邪気で何も知らぬ状態に放置されていたのです。結構なことだと言うのは、この芸術は、他の芸術よりはるかに深くみなさん自身のなかに突き入るでしょうし、それのおかげでみなさんはやがて、あらゆる形で美を愛するようになるだろうからです。(……)

私は、映画は新しい芸術であると主張します。それに固有の規則、独特の手段を持つのであって、演劇に還元することはできない、そしてギリシア語や哲学と同じ資格でみなさんの文化＝教養に役立つはずである、と。(……)ところがこの新しい世界には、足を踏み入れただけのことはあるでしょう。みなさんは、複雑に入り組んだその筋立て、シンボル、テンポのなかに踏み込むだけの確かな熟達をすでに身につけています。教養ある人士が何人も、そこで途方に暮れるのを、私は目にしました。彼らは映画館に足しげく通うことをしなかったからです。しかし映画館に通っているみなさんは、多分まだ自分の印象も考えもきちんと整理することはできなくとも、映画館で気詰まりを感じることなどありません。何も取り逃がすことはなく、期待を裏切るものは何一つありません。

ご父母のみなさんは、安心してくださって結構です。映画は悪しき学校ではありません。気安そうな外見をしていますが、中身はひじょうに難しい芸術で、うまく扱うなら、とてもためになります。なぜなら、それは本質からして、現代文明を映しだすものだからです。みなさんが生きているこの世界の美しさ、スピードと機械の詩情、工業の非情で壮麗な不可避性を、いったい何者がみなさんに教えてくれるでしょう。『みなさん自身の』芸術である映画でないとしたら、何者が。映画に頻繁に行きなさい。しかしそれは嫌な季節のための気晴らしです。ですからその前に、良い夏休みをお過ごしください[1]」。

（1）コーエン＝ソラル文書集。

のちに自分自身の学生時代について尋ねられた際、サルトルは単純明快に、自分が教育を受けた威信ある制度をこきおろしている。「教授たちはひじょうに凡庸でした」と、彼は説明する。「わたしたちに言うことが何もなかったのです。……教授が高いところから一方的に話すという講義の原則は、とても擁護することのできるものではありませんでした。……ニザンは、知の独占を永続化するために作られたこの制度のなかでは、息がつけなかったのです[1]」。このように一貫した言説と実践、そしてこのように自信あふれる確信の断言を前にすると、サルトル自身の幼少期の教育がどのようなものだったか、問いかけずにはいられなくなるし、彼自身が受けた教育が、とりたてて典型から外れたものであったことを指摘せずにはいられなくなる。この教育のいくつかの要件は、『言葉』のなかで語られている。

（1）参考文献42、一三〇〜一三一頁〔邦訳一〇二〜一〇三頁、「サルトル、サルトルを語る」〕参照。

周知の通り、生後十一カ月で父を亡くしたサルトルは、パリで、母アンヌ＝マリーと母方の祖父母によって育てられた。十歳になるまで、彼は公立小学校に通うことはなく、教育としては、唯一、祖父の施すそれのみを受けた。シャルル・シュヴァイツァー（一八四四〜一九三五年）は、すでに退職していたが、孫息子を教育するために、再び教育活動を開始したのである。彼はある親戚に宛てた手紙のなかで、そのことをこう説明している。「私は孫にとっての学校の先生になったのです。歴史と地理を、自分も学びながら、この子に教えるわけです。こうした幼い知性に種をまき、耕すことほど、楽しいことはありません」。この教授資格保持者のドイツ語教授は、フランス中のリセで用いられていたドイツ語修得の実験的方法に基づく教科書である『ドイツ語教本』の著者であったが、第三共和国を代表する大教育者の一人であった。すでに一八九一年に、シャルル・シュヴァイツァーは、アルザス人の同僚の一人であるジャン＝バチスト・ローベールと共同で、「フランスにおける諸国語の普及のための協会」を設立している。これは文法より文化＝教養を重視して、話し言葉の習得を発展させることによって、外国語教育を民主化しようとの目的で設立されたものである。そして彼は、全国の教育機関のなかで自分の考え方が支配的になることを目指して闘った。

したがって少年サルトルが受けた教育は、自由主義プロテスタントたちが担った実験的教育学の系譜に連なるものだった。第三共和国の初期は、彼ら自由主義プロテスタントの進出が著しく、この時期は「プロテスタンティズムの黄金時代」と呼ばれるほどである。この時期、ジュール・フェリー(1)の周りに集まった専門家集団のメンバーは、フェリックス・ペコーやフェルディナン・ビュイッソン(2)のように、いずれも自由主義プロテスタントであったが、ジュール・フェリーは彼らを初等教育の総視学に任命し、また彼の後援を仰いで一八七九年に刊行される、かの『教育学辞典』の編纂者となる道を彼らに整えてやったのである。この紛れもない初等教育のバイブルは、教師の権威に基礎を置く、カトリック修道会の機械的で保守的な教育に反対し、自由主義プロテスタントが信奉するあらゆる信念と価値観を開陳していた。すなわち、未来への信頼、子供の自由意志への信頼、理性、歴史、自然への信頼、である。「わが国の中等・初等〔高等の誤りか？〕教育の淵源はほとんど中世にまで遡るのに対して、初等教育の機構は、それが二十世紀以前に確立された場合は、プロテスタンティズムの息子（ママ）なのである」と、ブレアルは説明していた。

（1）一八三二〜九三年、政治家。文部大臣、首相を歴任、公教育の非宗教化・無料化・義務化、国立中等教育の女子への拡大など、現代フランスの教育制度の骨格を形作った人物〔訳注〕。
（2）一八四一〜一九三二年、のちに代議士、初等教育の非宗教化・無料化、婦人参政権実現のために闘い、一九二七年にノーベル平和賞受賞〔訳注〕。

サルトルの教育者としての生涯それ自体は、一九四四年に終わったとしても、青少年と身近に接することは、生涯の最後まで続いた。知の伝達への関心という点では、彼が最も明快にそれを表明したのは、五月革命の際であった。当時、彼は以前より知的活動の表舞台から遠ざかり、フローベール論を執筆していたのではあったが。そのときまたしてもこの分野において、サルトルの姿勢の完全な一貫性が姿を現わしたのである。それは年齢にも、権力にも、名誉にも、名声にも揺らぐことのない一貫性であり、ル・アーヴルでの卒業式の演説から、五月革命の際のソルボンヌでの発言まで、四〇年近くにわたって、自分の出身母体たるエリート主義的世界への根底的告発という点では、まったく同じであり、自分の同僚の何人かが保持している「正当な権利としての権限」という主張への根底的告発でもあった。

サルトルは五月革命の指導者たちにその言葉が引用されることはほとんどなかった（マルクーゼ、イリイチ、などにくらべて）が、彼らにとって参照基準、相談相手でありつづけた。そして当時の彼の発言はいずれも、六十三歳の老人が五月革命の動きと完全に同位相であったことを示している。「私が二十歳の頃にも、すでに私たちは大講義制度には抗議していたものです。しかし私たちは少数でした。（……）講義などよりは、本のほうが良い——これは本当でした——と思っていましたし、わたしたちの意思表示の仕方は、単に授業に出ないというものでした。（……）こんにちではまったく違います。（……）学生のなかには教授の姿さえも見えないという者が大勢います。スピーカーを通して、まったく人間味も感じられない近寄りがたい人間の声を聞くだけですので、その人間が話している講義が自分にとってどんな得になるのか、彼らにはまったくわからないのです。私の頃もそうでしたが、大学の教授というのは、博士論文を一本書き、あとは一生それを暗唱するだけの人間です。またある権力を持ち、それに獰猛にしがみつく人間でもあります。すなわち、自分が蓄積した知の名において、自分自身の考えを人びとに押し付けることができるが、それを聴いた者はそれに疑義を差し挟む権利はない、という権利です。

ところが、不断に批判を受け、その批判を踏まえて己を乗り越えたうえで断言され直すのでないような知には、何の価値もないのです[1]」。

（1）参考文献41、一八四～一八六頁〔邦訳一三五～一三六頁「レイモン・アロンの城塞」〕参照。

まさにル・アーヴルでの演説からそのまま飛び出してきたかのような分析であるが、そこに見られる知識官僚制度への攻撃の激しさも、一九三〇年代の彼の無遠慮さをそのまま反響しているようではないか。「こんにちでも、大学には、自分に疑義を差し挟むことなどしないお方たちによってなされる大講義という、滑稽な飛び地が残っています」。そして、高等師範学校での同級生に、例を見ない辛辣な批判を浴びせつつ、彼はこう断言するのである。「アロンによれば、権限とは、教える者から教える者へ、大人から大人へと伝えられるべきものです。アンシャン・レジーム下で、人を貴族に叙する権限を持っていたのは貴族であって、ブルジョワではなかったのと同じように、上から授与されるべきものだ、というわけです。（……）これこそが、私たちに与えられていた、点検されることなく点検されえない教育であり、それがこんにちもなお与えられつづけているのです。だからこそ、学生たち――当年度に在籍の者だけでなく、翌年度の者も――が、きちんと見張り、必要とあらば誤りを正し、教授の気分が揺れ動くのを埋め合わせることが必要であり、教授は教授で、自分が判定をくだすと同時に判定をくだされているのだということを承知していることが必要なのです。当の判定する者自身が、判定されるのでなければ、真の自由は存在しない、ということ、すべてはそこに掛かっているのです[1]」。

（1） 同前、一八八～一九〇頁〔邦訳一三七～一三九頁〕参照。

こうした主張を通して輪郭を現わすのは、「認められた権限」と「正当な権利としての権限」の対立を浮き彫りにしようとする姿勢であり、理想的な知というものについての考え方である。理想的な知とは、みずからを絶えず批判的に検討し直すものであるが、その具体例は、彼の近年の発言の条件を分析すればいくらでも見出すことができる。

許しがたいサルトル。制度機構が授与しうる限りのあらゆる称号を持ちながら、当のこの制度機構を突き崩そうとする作業を、執拗に、根底的に、一貫して追求することに専心するのだから。しかもそれにあたって、またしても相変わらず青少年の立場と手を結び、青少年の立場を唯一妥当な立場として祭り上げるのであるから。「ものを学ぶための唯一の方法は、疑義を差し挟むことです」と、彼はこの当時にもやはり説明している。「それはまた、人間となるための唯一の方法でもあります。（……）知識人とは、私に言わせれば、まさにそれなのです。ある政治・社会的全体に忠実ではあるが、それに疑義を差し挟むことをやめない者[1]」。

（1） 同前、一八七頁〔邦訳一三七頁〕参照。

弱点を抱えながら探求を続ける他者の要求にいつでも対応できるというこうした姿勢は、いくつかの私的な資料のなかにも姿を現わしている。サルトルは、もしかしたらあまり知られていないことかもしれないが、こうした匿名の呼びかけに、支援や、序文や、財政的援助を求める声に、つねに「はい」と答えていたのである。そうした実践は、いささかも公開性を帯びることなく、舞台裏で自然に、そして一貫して続けられた。たとえば一九六九年五月のある日、私は、ニザンについて語るために他に例を見ない特異な二時間をサルトルとともに過ごした。彼は最初、私の質問に答えていたが、やがて私の出自、生活、学業について、勿体を付けずしかし丁重に質問しはじめた。窓に面した丈の高い腰掛けに座った彼は、よく響く声で早口に話していたが、ニザンについての正確な記憶を呼び起こそうとするかのように、しばしば長いあいだ、正確な文、ぴったりの言葉を探すために話を中断するのだった。こうした会話のあいだに一度か二度、私が単語とか句を示唆することもあった。すると彼はそれを喜んで受け入れて自分のものとし、自分の考えや文を仕上げるために用いるのだった。こうした二人での協同構築、彼との対話による練り上げは、私にとって予期せざることだったが、その日、私は充実感に満たされた。こうした彼の態度はまさに、その一年前に「伝統的な大学教授」に対して投げつけた批判の系譜に連なるものではなかろうか。「自分が蓄積した知の名において、自分自身の考えを人びとに押し付けることができるが、それを聴いた者はそれに疑義を差し挟む権利はない、という権利を所有し、それに獰猛にしがみつく人間」に対する批判の系譜に。そう、まさにそうなのだ。サルトルとは、その知の名において、いかなる権力も、優越性も、序列も要求することのない人であり、そのことが学生であった私を熱狂させたのだ。これは結局のところささやかな経験にすぎない。しかしそれは、サルトルという人は、己の知的正統性が付与する権力という前提に疑義を差し挟み、寛大さといつでも対応しようとする姿勢とによって、匿名の他者に、自分自身の自己同一性を確立する手段を提供した、という希な事実を説明するものではなかろうか。

第十章　現代的なものを考える

『嘔吐』のなかで、主要人物アントワーヌ・ロカンタンは、一人でブーヴィルに住み、十八世紀の碩学、ロルボン侯爵の研究をしている。その町で通りすがりの男、他国者、旅行者として生き延びながら、日々の印象を日記に認めるのである。この作品は、偶然性の体験の激発的な記述であり、「甘ったるいむかつきのようなもの」とか「吐き気のようなもの」といった彼の印象を綴った物語であり、「血も、リンパ液も、肉体も」持たないものとなって、そこから逃れようとする試みである。彼は、「単調なもの」（日常的なもの）と「驚異」[1]というしばしば二項的な対立の一方から他方へと揺れ動きながら、未知の楽曲、他所から来た女の声のおかげで、べたべた張り付く嫌悪すべきこの地方都市から抜け出すことに成功する。

（1）参考文献82B、五七〇頁〔邦訳四九八頁〕参照。

「真ん丸月が照り始めると
　夜ごとにかわいい夢を見る
重々しくしわがれた声が不意に現われる。そして世界は、もろもろの現実存在の世界は消え失せる」[1]。

（1）参考文献3、一二二頁〔邦訳一六七頁〕参照。

ロカンタンに倣って、そして彼が自分自身の社会的決定因とのあいだに保っていた論争的関係に沿う形で、サルトルは、独創的な思考の動きを展開して見せるが、それが向かう方向は、世界の大胆な探検、新奇なものへの華々しい情熱、現代的な要素の決然たる採用である。サルトルはすでに高等師範学校在学中から、哲学の制度機構を桎梏と感じ、それとの訣別という代価を払って、新たな表現形式の分析に乗りだしていた。外国語、外国人の声、外国の音楽、アメリカ小説の発見、ドイツ哲学の発見、世界はこうしたいくつもの同心円ごとに探査され、ついで彼の周りにそれらの同心円ごとに系統的に展示されていくのだが、それらの円は、彼の思想と影響力が確立するにつれて、ますます大きく、ますます公のものになっていくのである（ル・アーヴルのリセでの、リセ・パストゥールでの、リセ・コンドルセでの哲学の授業、ル・アーヴルのリール講堂での講演、『NRF』に掲載された論文、哲学的著作、アメリカ合衆国特集とか、インドシナ特集といった『レ・タン・モデルヌ』誌の特集）。

新たな表現形式の発見のなかで、サルトルは「現代生活の詩」[1]である映画に、最も重要な地位を与えており、想像上の兄弟関係という風変わりな形で、映画と自分自身の生涯を対比している。「界隈の映画館には快適な設備がないというのは、だれにとっても平等な事態だったが、そうした快適さの欠如のなかで、私はこの新しい芸術が、だれのものでもあると同時に私のものであることを学んでいた。私も映画も精神年齢は同じだった。私は七歳で、文字を読むことができなかったが、映画も十二歳で、ものを言うことができなかった。映画は始まったばかりで、これからどんどん進歩するはずだと言われていた。私は私たちが一緒に大きくなるだろうと思っていた。私と映画の共通の幼少期を私は忘れたことがない[2]」。サルトルはまた、雨の日に、母と子が結託して、こっそりとキネラマ座や、フォリー・ドラマチック座、ヴォードヴィル座、あるいはゴーモン・パラス座といった映画館に忍び込むときに、祖父が見せる軽蔑を指摘する。「盗賊たちの巣窟で生まれ、当局からは旅回りの娯楽の一つに数えられていた映画は、真面目な人びとの眉を顰めさせる下品な流儀を身につけていた。それは女子供の娯楽だった」。要するに彼にとって、映画は二十世紀の芸術だった。そこで彼はこうも付け加える。「私たちは、やみくもに伝統なき世紀に入っていったのである。この世紀は、行儀の悪さで他の世紀に抜きんでることになる。そして〔映画という〕新芸術、下賤の芸術は、私たちの野蛮さを予告していたのである[3]」。

（1）参考文献55、三九八～四〇四頁参照。
（2）参考文献32、一〇四頁〔邦訳九四頁〕参照。

（3）同前、一〇一頁〔邦訳九一頁〕参照。

一九二五年頃、ロベール・デスノスのテクストを含む、映画に関する最初の著述がフランスに姿を現わすが、このジャンルはまだきわめて正統性を持たないものとされていた。まさにそのときに、高等師範学校という枠のなかで、十九歳のサルトルは、映画美学を現代の美学として歓迎し、その哲学的概念化の試みを練り上げて、世に問うているのである。[1]「ひとつの新たな哲学が、不動の諸観念の哲学を玉座から引きずり降ろした。現在にとっては、もはや変化のなかにしか現実はない。（……）映画は、ベルクソン的芸術の方式を提供する。それは動性を美的なものとして打ち立てるのだ」[2]。あるいはまた、「一本の映画は、（……）一個の意識である。分割できない流れだからだ。（……）諸々の状態の組織立て、逃亡、分割できない水流、われわれの自我のように捕らえがたいもの[3]」。

（1）「映画を称える」と題するこのテクストは、一九二四年、高等師範学校第一年次に提出された論文と考えられる〔訳注〕。
（2）参考文献55、三八八頁参照。
（3）同前、三八九頁参照。

それはまさに、サルトルが偶然性に関する作品に取り掛かろうとしていた頃である。彼が、出版に至るまでの長い苦難の道の果てに『嘔吐』となる『偶然性の弁駁書』の執筆を開始するのは一九二六年のことであった。サルトルは、映画美学を小説美学や演劇美学に対する特殊性において考察し、映画芸術を哲学的考察のなかに組み込むことに専心しているわけだが、このようなサルトル思考一流の動き方が、この頃すでに見られるのは興味深い。

実際に嬉しくてわくわくするような調子で自分の映画熱を披瀝する若きサルトルの論考からは、当時育みつつあった、単独者、個人の概念のいくつかの要素が感知できる。「映画とは、本質的に精力の名誉を称讃するものである。見事な映画作品が主題とするのは、一人の男の戦い、嵐に対する(『東への道』)、地方の敵意に対する(『見事な復讐』)、砂漠にめぐらされた罠に対する(『幌馬車』)戦い、いかさま師の苦心(『女の狂気』)、見事なスポーツの冒険(『スピードの守護神』)、あるいは反逆者の物語(『ロビン・フッド』、『怪傑ゾロ』)である。いずれもアルゴー船の遠征[1]、男たちの苦労、厳しい金羊毛獲得の旅を歌い上げている。そしてイアソンが金羊毛を手にしたとき、その感動の強さはいかばかりだったろう。『見事な復讐』のあの場面は私の心から消えることはない。待望の石油がついに油井から吹き出すあの場面。黒くどろどろした石油の柱が、汽笛のような音を立てて、建ち並ぶ足場のあいだにそびえ立ち、その足下で胸をはだけた泥まみれの四人の男が、肩を組みながら、この見事な噴水に目を釘付けにして、気が狂ったかのように勝利の歓びを叫んでいる、この場面ほど美しいものはない[2]」。

(1) 勇者イアソンは、遠国の王が所有する金羊毛を取ってくることを命じられ、五〇の櫂を備えた大船アルゴーに、全ギリシアから集まった五〇人の豪傑とともに乗り込んで出発し、最終的には王の娘メディアの助けを得て、目的を達成する〔訳注〕。
(2) 同前、三九一頁参照。

ここでまさに形成中のこの思想の作動の仕方を検討してみよう。形成中とはいえこの思想は、以前に挙げた彼の同級生たちの証言でわかるように、すでにその成熟振りとそれが用いるカテゴリーの力によってだれにも文句なく認められていたのであるが。このテクストには、彼の読んだ哲学的著作への参照が光彩を添えている。彼はベルクソン、アラン、スーリオ[1]、さらにはマールブランシュさえも引用している。しかしこうした数多くの参照にもかかわらず、学生たる者には必要な謙虚さと、一個の思想家の出現に伴う抑えきれない矜持とのあいだの激しい緊張のなかに、早くも偶然性、行動、美学についてのサルトル的哲学が確固として姿を見せているのである。

（1）スーリオ（エチエンヌ・）：一八九二〜一九七九年、フランスの映画学の創始者の一人〔訳注〕。

そして最後にサルトルは、伝統に対する批判にロマン性と冒険の回復を組み合わせ、映画芸術を手持ちの文化的体制転覆用具として用いながら、こう結論する。「映画に対しては、青年を堕落させるという、ソクラテスに浴びせられたのと同じ批判が浴びせられている。映画はダンスホールと結びつけて考えられている。（……）トルストイは、唯一の偉大な芸術は、万人に語りかける芸術だと言っていた。（……）映画は万人に語りかける。（……）チャップリン、彼こそは映画の王者だ。（……）彼は一人の人物を作りだした。彼の人物、すなわち放浪者チャーリー、伝説的人物。（……）彼は一本の映画作品を作りだした。本当の貧窮の映画。（……）それらの映画作品のなかでは、主人公たちは本当の貧窮を知る。（……）彼らはやせ細り、感じがよく、いたずら好きだ。（……）社会学が芸術に要求するのは、一体的な人生を作りだすことではないのか。（……）映画は、芸術至上主義にはあまり向いていない。大衆に語りかけるものだからである。ドイツ映画がわれわれを完全に満足させることがけっしてないのは、そのためであり、アメリカ映画があらゆる成功を収めるのも、そのためである[1]」。

（1）同前、四〇二〜四〇四頁参照〔ただしこの長い引用は、テクスト内の順序を恣意的に逆転させている。テクストのなかではまず、「チャプリン…」の部分、ついで「映画に対しては…」、そして最後に「社会学が芸術に…」が登場する〕。

のちにサルトルは、彼が映画に魅惑されたということは、アメリカ合衆国に魅惑されたこと、そしてより一般的に、アメリカの現代性を代表するすべての芸術形式に魅惑されたことの一環であったと、認めている。彼はこう書いている。「われわれが二十歳であった一九二五年頃、よく摩天楼の噂を聞いたものだ。われわれから見ると、摩天楼は、アメリカの素晴らしい繁栄を象徴していた。それを映画のなかに発見して、われわれは呆気にとられたものだ。それは未来の建築だった。映画が未来の芸術であり、ジャズが未来の音楽であるように[1]」。

（1）参考文献23、一二二一〜一二二三頁〔邦訳八二頁、「植民地的都市ニューヨーク」〕参照。

早くもル・アーヴル時代の一九三一年には、彼は、現代的なものに対するもう一つの熱中、つまりアメリカ小説に対する熱中を公開の場で披露する機会を持っている。どのような聴衆に対してかはわからないが、毎月、「ル・アーヴル・リール講堂」で、彼は「文学談話」を行なっていた。一九三一年における小説の現状を総括しようと試みたり、十七世紀以来の小説の変遷を検討したり、フランスだけでなく、ロシア、イギリス、アメリカ合衆国での現代小説のさまざまな技法を分析したり、科学と文学の境界線の研究に乗りだしたりと、その学識からも企ての野心からしても、ただただ呆気にとられるばかりの実践を行なっているのだ。それはもはや、手当たり次第になんでも食らう高等師範学校の学生ではないが、一九四〇年代の多産な批評家ではまだない。しかし背景と条件は異なるものの、要求水準が高く、革新的で、強力という、同じ知的機構が作動しているのである。

彼はとくに次のように説明している。「もちろん、もし小説が、個人を通して、個人のなかで集団を研究するのではなく、集団を通して、集団のなかで諸個人を研究しなければならないのなら、小説家の技法は深刻な変更を被ることになる。（……）小説家は個人というものを、これまでつねに扱ってきたように扱いつづけなければならない。ただし、個人の背後に集団のすさまじい力をつねに感じさせることを目指して、技を駆使しなければならない。（……）最後に提起されていた問題は、以下のようなものだった。すなわち、世界とは唯一現実的なものと考えられ、個々の事物が姿を現わすのは、この世界の束の間の様態としてのみであるのだから、いかに世界を芸術作品のなかに統合するか。こんにちわれわれが検討する問題も、これとひじょうに異なるものではない。ただ規模が小さいだけである。実は現代の社会小説（たとえばロシアの小説、そしてある程度はアメリカ小説）は、もはや個人ではなく、社会的構造体を研究する。とはいえ芸術作品にその統一性を残しておくためにはどうすべきだろうか。というのも、集団は現実に存在するものであるが、その存在自体は感知されない、という点は留意しておく必要がある。実は集団とは、その結果のゆえに知られるものにすぎないのだが、その結果というのが、個々人の現実にほかならないのである」[1]。

（1）ル・アーヴルのリール講堂での講演。未刊行。アニー・コーエン＝ソラル文書集。

彼はまた個人と集団の関係の問題も検討し、『善意の人々』の例を挙げ——彼自身の言葉によれば「まことに凡庸な」例ということになるが——、またジョン・ドス・パソスの『北緯四二度』の例を挙げて、これについて詳しく論じている。彼のメモによれば、以下の通りだ。「個人は世界のなかに埋没している。一人の人間が他者のあいだでいかに小さいものか、他者によく似ているが、それでいていかに他者に支配されているかを、感じさせること。（……）一人一人に（ドライザーとは反対に）個別性を残しておくこと。（……）こうすればすべては個人との関係において描写されることになる。（……）ドス・パソスの絶対的客観性。彼はけっして判断しない。みずから自分のことを判断する人物を示すだけで、こちらの意見を出さずに描写する（……）」[1]。

（1）同前。

これはまさに、〔一九三八年に〕『NRF』に掲載されたあの名高いドス・パソス論の予告ではないか。すでにそれより四年前に、彼の話を聴きに来たル・アーヴルの少数の聴衆の前でその予告はなされていたのだ。そしてその論文は、次のようなマニフェスト的結論で終わっているのである。「この手法は、なんと簡単なことか。なんと効果的なことか。アメリカのジャーナリズムの技法で一つの人生を語れば良いのだ。そうすれば人生は結晶作用によって社会的なものとなる。（……）私はドス・パソスを現代の最大の作家だと考える」[1]。さらにその後、サルトルはこの手法を自作の小説『猶予』に適用することになるだろう。

（1）参考文献17、一四～二四頁〔邦訳二〇～二一頁〕参照。

第十一章　戦時中——裏切り者でも英雄でもなく

私がサルトルの研究を始めたのは一九八二年のことだったが、その年は、この戦時中の期間を探究するには、あまり良い時期ではなかった。過去の歴史に関わりのある人物、ゲルハルト・ヘラー中尉が、『パリのドイツ人』(1)〔邦訳タイトル『占領下のパリ文化人』〕と題する回想録をちょうど刊行したばかりだったのである。彼はフランス文学の検閲官として知られており、ドイツによる占領期のあいだ、モーリヤック、ポーラン、ジューアンドー、ドリュ・ラ・ロシェルなどの、在パリの大部分のフランス作家と交流があった。それゆえ彼の本は、興味と好奇心で刊行が待たれていたのである。彼はそのなかでたとえば、一九四二年から四四年までのあいだ、ときに私服でカフェ・フロールのテーブルについているとき、サルトルが仕事をしている姿を目にしたことがあると語っていた。それから少しのちに、インタビューのなかで、ヘラーは、ドリュは『NRF』の発行を再開したが、その「見返りとして、J＝P・サルトルのような、捕虜となった何人かの著作家の解放を」勝ち取った、と断言したのである。さらにしばらくのちになるが、新聞でヘラーを論じる記事のなかで、この期間にサルトルは「彼の親しい友人の一人であった」という文が見られたものである。

（1）参考文献89参照。

確かにこの自己弁護の本で、ヘラーは歴史家としての作品を書こうとしたわけではなかった。しかし彼の本は、あらゆる種類の流言飛語に道を開いてしまった。しばしばそういうことになるものだが、それは次々と横滑りを重ねて、突拍子もないものとなっていった。そのためにあの頃、占領下のサルトルの行動についてなされた多くの解説のなかには、疑惑が漂うことになった。私がサルトルを全体としてとらえた研究を行なおうと決心したのは、そのためである。私はまず手始めに、サルトルをめぐる神話系に関心を抱いた。各地の資料保管所に足を運び、資料と証言を見つけ、証人を探しだして質問し、情報源を突き合わせるという歴史家の古典的な作業を実行し、その一方で、この期間にサルトルが制作したテクストのコーパスを集めてその全部を分析したのである。それは私的なテクストと書簡（『戦中日記——奇妙な戦争』、『カストールと他の女たちへの手紙』）、戯曲（『バリオナ』、『蠅』、『出口なし』）、映画のシナリオ（『チフス』[1]、『世界の終わり』、『賭はなされた』）、哲学（『存在と無』）、小説（『自由への道』）、文芸批評（『コメディア』、非合法の『レットル・フランセーズ』、『レ・カイエ・デュ・シュド』、『メッサージュ』、『ポエジー四四』に掲載された）、映画批評（『レクラン・フランセ』）、ルポルタージュ（『コンバ』）、哲学講義（リセ・パストゥールとリセ・

コンドルセにおける）であり、さらにそのうえ、サルトルが加わったさまざまのレジスタンス組織網のなかで執筆された多数の政治的テクストも忘れることはなかった。

（1）のちに『誇り高き者たち』（邦題『狂熱の孤独』）となる〔訳注〕。

私が占領期フランスにおけるサルトルの位置を再構成するにあたって、お会いし、おおいに助けとなった証人は、以下の方々である。すなわち、コレット・オードリー、ジャン・バラデュール、ジャック＝ローラン・ボスト、ジャン・ブリュレすなわちヴェルコール、クリスチャン・カサドゥスュ、ジョルジュ・シャズラ、ジャン・シュールルール、ジャック・ドゥビュ＝ブリデル、ドミニックならびにジャン＝トゥーサン（「トゥーキ」）のドゥザンティ夫妻、シモーヌ・ドゥヴアスー、ピエール・イスレール、ジャン＝ダニエル・ジュルジャンサン、ピエール・カーンの夫人、ジャン・レスキュール、ラウル・レヴィ、ロベール・ミスライ、クロード・モルガン、ピエール・ピガニオル、ジャン・プイヨン、J＝B・ポンタリス、ジャン・ラボー。さらに私は国立史料館、文部省史料室、ポーラン、バラデュール、カーンの文書集、ジェラール・ロワゾーという当代一流の歴史家の史料集[1]、などを参照した。サルトルのたどった軌跡のうちのある一つの要素だけに目をつけて、コンテクストから切り離し、それをことさらに称揚して全体をその色で染めてしまうような読解は、部分的な読解と言うべきで、拒否しなければならない。この期間のサルトルの著作と活動の両方を同時に分析する必要がある。このような型の作業だけが、何年もかけて次々と幾重にも積み重なった注釈と解説の層をはがして、真相を浮かび上がらせるのに寄与することができる、と当時私は考えた。そうした何層もの堆積が、サルトルはヘラー中尉の「親しい友人の一人」であったなどという断定のような、逸脱を生んだのである。私を困惑させた唯一の証言は、『女ざかり』でのボーヴォワールの証言だった。そこにも歴史に関する誤りと事実関係のいい加減さがあることに気づいたときから、私はこの期間のサルトルの企てについてこれを参照するのは、当たり障りのない要素についてだけにとどめることに決めたのである。

（1） 参考文献90参照。

こうした研究の果てに、私は占領時代のサルトルの状況について一つの分析を提起することができるまでになった。いかなる結論に達したかというと、サルトルは英雄でも臆病者でもなかった、という確信を得るに至ったのである。とはいえ彼は、一九四一年に捕虜収容所から出てきたときから、占領者とヴィシー精神とに対する戦闘陣地のなかで、疑問の余地なき地位を占めていた。パリに戻るや、彼は「社会主義と自由」と称するレジスタンス・グループに参加した。このグループの目標は、ファシズムが打倒されて自由を取り戻した暁に、フランスに社会主義を樹立することであった。この野心的な政綱には、戦後のフランスのための憲法草案さえ含まれていた。その草案の大部分を執筆したのは、サルトルである。たとえば彼はこんなことを書いている。「ヒトラーは、われわれの仲間を強制収容所に送り込んでいる。

このような事態を、われわれは唯々諾々と受け入れることはできない。もしわれわれがヴィシー政体を受け入れたとしたなら、われわれは人間ではなくなってしまうだろう。対独協力者に対しては、いかなる妥協も可能ではない。なぜなら今から直ちに、自由の要求が空虚な言葉とならないような社会を建設しなければならないからである」[1]。

（1）ドミニックならびにジャン＝トゥーサンのドゥザンティ夫妻の証言。アニー・コーエン＝ソラル文書集。

グループのメンバーは、五〇人ほど（教授と学生）で、アナーキズム出身の者（マロ）もいれば、マルクス主義出身の者（メルロー＝ポンティ）、さらにはトロツキズム出身の者さえもいた。その彼らが、プルードン主義者で反共産主義者のサルトルを中心に集まったのである。多分この企ては、思いつきだけの時期尚早のイニシアチヴだったのだろう。「社会主義と自由」は、当時まだ形成過程にあった、ド・ゴール主義と共産主義というレジスタンスの二大潮流のあいだに、第三の道を生み出すことはできなかった。グループは結局解散することになる。そのメンバーのなかには、南部地帯に行って共産党とともに活動的レジスタンスを始める者もいた。たとえばドミニックとジャン＝トゥーサンのドザンティ夫妻がそうだった。サルトルは、闘争のための別の武器を選んだ。その手始めとして、彼は早くも一九四一年のうちから、南部地帯にいるジィドおよびマルローを訪問し、活動的レジスタンスに加わるよう説得を試みたのである。

彼のレジスタンス活動は、一九四三年の春にも続いていた。グループ「アガート」〔技術活動グループ連合〕に加わって、友人のピエール・カーンが企てた、ヴェルノン〔パリとルーアンの中間〕の閘門でドイツの平底船に爆弾を仕掛ける作戦の実行に協力したのである。ピエール・カーンはその頃、ジャン・ムーラン[1]の身近な協力者の一人となっていた。これらの作戦は、ピエール・ピガニオル、ピエール・メルシエ、レイモン・クロランといった高等師範学校の理科系の学生たちのグループが中心になって行なわれた。彼らは「テルモピレ親衛隊」のネットワークと連携して、コレーズ県〔リムーザン地方〕にレジスタンス組織網を創設することを企てたが、一九四四年十二月、遊撃隊「自由」の若者たち四一名の銃殺で、悲劇的な最期を迎えることになる[2]。

(1) 一八九九～一九四三年、レジスタンスの英雄。ド・ゴールからレジスタンス組織の統一を命じられ、ロンドンよりフランス国内にパラシュートで潜入。企てに成功して、全国レジスタンス評議会の議長となるが、裏切りによりドイツ軍に捕らえられ拷問の末に死亡する〔訳注〕。

(2) 参考文献63、三四五～三四八頁参照。

こうした政治的アンガジュマンのほかに、サルトルの戦いは、イデオロギーの領域でも彼一流のやり方で遂行された。作品の執筆に沈潜し、膨大な量のテクストを生産したことは、すでに触れた通りである。これらのテクストを、現象学的な展望において、ということはつまり、サルトルの視点を、その内的論理から出発して復元することを目指しつつ解釈するなら、サルトルの当時の選択にはいささかの疑問の余地もないことがわかってくる。それに加えて、捕虜生活の経験は彼にとって、政治的には「社会的なものへの転換」を意味したが、同時に哲学的には「歴史性への覚醒」を意味したのである。

『蝿』が、ヴィシー精神の特徴たる「あの悔い改め病、得々として悔恨と羞恥に浸る態度」と闘おうとしたことを思い出そう。あの「沈黙の共和国」[1]の文言を思い出そう。「われわれはドイツの占領下にあるときほど、自由であったことはなかった。われわれはすべての権利を失い、まず第一にものを言う権利を失った。われわれは毎日面と向かって罵倒され、それでも黙っていなければならなかった。(……)いたるところ、塀の上、新聞紙上、スクリーンの上でわれわれは、あの汚らわしい顔を見せつけられた。それは抑圧者がわれわれに与えようとしていたわれわれ自身の顔だった。こうしたことすべてのゆえに、われわれは自由だったのだ。ナチスの毒がわれわれの思考のなかにまで忍び込んでいたがゆえに、正しい思考は、その一つ一つが戦利品だった。全能の警察がわれわれに沈黙を強いようとしていたがゆえに、一つ一つの発言が原理宣言のように貴重なものとなった。われわれは追いつめられていたがゆえに、われわれの一挙手一投足はアンガジュマンの重みを帯びたのである」[2]。さらには非合法の『レットル・フランセーズ』に載った、あの激烈なドリュ・ラ・ロシェル論を思い出そう。

（1）原書では、「占領下のパリ」とあるが、これは誤りで、実は「沈黙の共和国」である〔訳注〕。
（2）参考文献23、一二頁〔邦訳七頁〕参照。

こうして一連の調査活動を終えたとき、私は拒否の姿勢を意味するすべての要素を確認することができた。それらの要素はもちろん、彼の教授としての活動でもさらに強められている。一九四二年三月十七日付けの視学報告を読むだけでも充分に、ヴィシー政府が作家サルトルを反体制分子として把握しており、秩序への従順を命じるのが適切であると考えていたことがわかるのである。ヴィシーによってパリ大学区長に任命されたジルベール・ジデルは、以下のように書いている。「サルトル氏は、氏がNRFより出版した二巻の作品、『壁』と『嘔吐』を業績表に記載しなかったわけであるから、この二作が、いかなる才能について証言するものであれ、教授たる者、すなわち人びとの魂を導く責任を有する者によって書かれるのが望ましい作品ではないことを理解なさったように思われる。願わくはサルトル氏がこの点に関して、アンドレ・ベルソール氏の『聖職者集団と俗世』に見られる、いくつものまことに健全なる件《くだり》について熟考なさり、その教訓を生かして、ご自身の教職と生活を適切な方向に導かれんことを」[1]。なんとも不思議な巡り合わせだ。ベルソールは、リセ・ルイ大王でのサルトルの旧師であったが、その数日前に逝去していた。そしてヴィシーは、その生前の功績を称讃したわけだが、その儀式にはブラジヤック[2]も参列していたのである。

（1）アニー・コーエン＝ソラル文書集
（2）ブラジヤック（ロベール・）：一九〇九～四五年、高等師範学校の伝説的秀才。極右に投じ、対独協力新聞『ジュ・

スュイ・パルトゥー』の主筆となる。フランス解放期に死刑宣告を受け、執行される〔訳注〕。

サルトルの教え子の証言を聴くだけで良かったのだ。彼らはいずれも、恩師の心の広さ、精神の自由、気前の良さを指摘している。彼にはなんでも言うことができたし、なんでも頼めたのだ。たとえばジャン・バラデュールは、あるとき彼に、友人に会ってやって欲しいと頼んだ。それはトルコの亡命ユダヤ人の両親から生まれたミスライという少年で、『存在と無』を読んで、その著者に会いたいと願っていた。「フロールに四時から五時のあいだに来たまえ」と、サルトルは答えた。こうしてミスライはやって来て、哲学について語り合い、個人的な問題も話題に上った。ちょうどその頃、黄色い星〔ユダヤ人を示す〕の着用を義務付ける政令が出たばかりだった。サルトルは彼の身をとても案じた。「また会いに来給え。君と話をするのは、愉快だ」。こうして出会いを重ねるうち、少しずつサルトルは、バカロレアを取得したミスライが、学業を諦めて、生活のために使い走りとか配達人といった日銭稼ぎを続けざるをえないことを悟った。「アグレガシヨン〔教授資格試験〕を受けなければ駄目だよ」とサルトルは、確信をこめて言った。そして、アグレガシヨンの年まで毎月手当を出すという提案が、始めはおずおずとなされ、やがて具体的な提案となって、実行に移されたのである。

まことに驚いたことではあるが、サルトルは「ペテン師」であり、戦時中の彼の行動には疑惑があるとする、サルトルに系統的に嫌疑をかける動きは、いまでも続いている。これは、過去にさかのぼった検閲を気取るフランスのある種の階層の症候であって、相変わらず嘆かわしい限りであるが、本書の冒頭で言及した、部族同士の人食いの風のフランスにおける症候と直接連動しているのである。(1)私の文書集のコーパスには、まだ精査されていないものもあり、サルトルが一九四二年から四四年までのあいだ、リセ・コンドルセの高等師範学校受験準備課程の生徒たちに講じた哲学講義の講義録もある。私としては、これらを精査して、近い将来、必ずやこの件について新たな情報をもたらすことができると確信している。

(1) 参考文献91参照。なおジャック・ルカルムとジュリエット・シモンが寄せた見事な解答は、私の見るところ、歴史的にも哲学的にも論争を最終的に閉じるものであった。参考文献92、93参照。

第十二章　亜スターリン主義者

一九四五年、戦後のゼロからの出発の風土のなかで、大部分のフランス知識人がフランス共産党の陣営に賛同していた頃、サルトルは独自のアンガジュマン理論を練り上げ、『レ・タン・モデルヌ』の周りに、現代世界を解読するエネルギーの持ち主たちを結集し、『ユダヤ人問題の考察』で対独協力のタブーを告発するのに専心していた。「彼のフランス共産党に対する関係は単純なものではなかった」と、サルトルの死の翌日、フランス共産党書記長、ジョルジュ・マルシェは、「現代の最も偉大なる精神の持ち主の一人」に敬意を表しつつ、書いている。(1) これは時宜に適ったフェア・プレイと言うべきだろうが、それにしてもこれの背後に、なんと長い緊張の連続があったことか。『レ・タン・モデルヌ』グループとフランス共産党とが平行してたどった歩みの過程には、およそ考えられる限りの複雑な関わり方が相次いで姿を現わした。蜜月、仲違い、憎悪、結託、突然の接近と、時として相互の軽蔑と無視を伴う鳴り物入りの決裂、こうしたものが周期的に繰り返されたのである。

（1）『ユマニテ』、一九八〇年四月十七日。

戦前、サルトルと共産党という話の始まりにおいては、サルトルは政治に関して、非常に遠いものに対する関心しか示していない。ソ連への熱狂と加速度的に高まる理想主義の時代たる両大戦間時代を通して、彼がこのように奥に引っ込んでいたことは、注目に値する。彼のフランス共産党への関係は、一つの名に帰着する。すなわちポール・ニザンという名である。そして彼は、一九二九年に共産党員となり、ついで党の新聞記者となった幼馴染みを、自分がどう見ていたかを、確実にユーモアをこめて自分の口から語っている。「私は彼を完璧な共産主義者だと思っていた。そのほうが便利だったのだ。私の目には、彼は政治局のスポークスマンとなったと見えた。彼の気分や、幻想や、軽薄さを、私は上層部での打ち合わせの結果採用された態度と受け取った。……〔独ソ不可侵条約のあとに〕私は新聞で、この当の政治局スポークスマンが離党し、この決裂が派手なスキャンダルになっていることを知った。だから私は勘違いしていたのだ。あらゆることについて、ずっと前から……」(1)。念を入れるには及ばない。この件《くだり》を読むだけでも、彼の無関心、共産党の中枢機関、より一般的に言って、あらゆる政治機構に対する彼の無知は、一目瞭然である。

（1）参考文献34〔邦訳一四八〜一四九頁〕参照。

ついでに言っておくと、政治オンチの「しがない教師」サルトルと、共産党中央機関の新聞記者ニザンのあいだの関係も、単純ではなかった。ニザンは、自作の小説『トロイの木馬』のなかで、サルトルを反動的小ブルジョワとして描きだしている。その人物は、徹底的な厭世主義のゆえに、ついには労働者階級の敵の陣営に加わるに至るのだ。それがこの小説の結末である。こうした前兆のもとに、サルトルとフランス共産党のあいだの対話は始まった。それは互いに聞く耳を持たぬ者同士の対話であって、その後四〇年間続くことになるが、この複雑な関係は、いくつもの異なる局面を通して展開するのである。一九四一年と四二年には、サルトルの直接行動主義に対して、共産党員の側からは、彼に嫌疑をかける態度が返ってくる。それはフランス共産党にとっては疑問と動揺の時代であり、一九三九年から非合法化された党は、指導者たちの逃亡と内部抗争に引き裂かれ、党内は大小さまざまの潮流に分かれ、あらゆる種類の意趣返しが猖獗をきわめていた。さらにこうした後退の時期の例に漏れず、非共産党員との抗争も激烈をきわめていた。党はセクトに分断されればされるほど、ますます偏狭になっていったのである。独ソ不可侵条約によって少なからぬ活動家が途方に暮れた。そして上から出される指令は、なかなか正常ルートで伝わらなかった。およそアナーキーな分派がいくつも共存し、外への攻撃もその影響を受けた。真っ先にこのような事態の犠牲になったのは、独ソ不可侵条約をきっかけとして離党した者たちだった。トレーズ〔書記者〕その人が直々に攻撃の先頭に立ち、例のない激しさでニザンを始めとした人士に襲いかかり、ニザンを、内務省に雇われた「腐れ犬」[1]と決めつけたのである。ニザンは、一九四〇年五月に前線で落命する。それから一年も経たぬ頃、サルトルが捕虜収容所から戻ってくるが、その彼を迎える共産党からの攻撃は、おそらく部分的にはニザン事件の影響を被っていた。

（1）モーリス・トレーズ「裏切り者はさらし者にせよ」(The communist International)、第三号、一七〇～一七八頁に所収。

たしかに捕虜生活から戻ってきたサルトルは、政治に遭遇した。レジスタンス・グループ「社会主義と自由」内で、彼は一時、共産主義者との同盟を試みる。このような非合法の抵抗活動へのサルトルの参加は、政治的行動の分野への彼の第一歩であったから、彼の側にもある程度の不手際があったと考えることはできる。しかしそれにしても何という猜疑なのか。サルトル自身がこの出来事を次のように語っている。「共産主義者たちは、私が派遣した使者に対して、こんな答えを送り返したのだ。『サルトルに用心しなさい。あの男は、ドイツ人のために働いたから釈放されたのだ。レジスタンスの内部の動き方を通報するためにやって来たスパイなのだ……』と[1]」。南部地帯では、彼をすっかり容疑者に仕立て上げるためのパンフレットが回付された。サルトルにとってまさに手荒な出迎えだった。たとえば、サルトルは哲学的構想においてはハイデガーに近い人物であり、したがって民族社会主義〔ナチズム〕の盲目的追随者だ、という噂が流されもしたのである。彼のレジスタンス・グループは、ド・ゴール主義と共産主義のあいだに、不可能な第三の道を探し求めたが、やがて自壊してしまう。

（1）参考文献94、一四〇頁参照。

一九四三年と四四年は、共存と寛容の局面をなす。一九四一年六月にソ連が戦争に巻き込まれたときから、風向きが変わる。共産党員たちはまことに迅速に、大量かつ積極的にレジスタンスに加わることになり、より広範な同盟を求めて開放的姿勢をとった。排除し追放する態度は、もう終わりだ。こうしてサルトルは、早くも一九四三年の始めには、全国作家委員会〔文学者のレジスタンス組織〕のメンバーとして共産党員の同志たちと肩を並べることになる。彼ら共産党員たちは、当初はつい最近まで糾弾を行なっていたことに多少の気詰まりを感じてはいたが。したがってこの局面は、一種の魔術的な停戦以外の何ものでもなかった。サルトルは、非合法『レットル・フランセーズ』〔全国作家委員会の機関誌〕に、エリュアールやアラゴンと肩を並べて、都合四本の論説を書いている。彼としては、〔アラゴン流の〕政治的・愛国的抒情に同調することはなく、同誌に掲載した彼の主要作は、ドリュに対する憎悪に満ちた論戦であり、彼の声は終始周辺的なものに留まったが、それでもこの一時的な同盟は、パリ解放まで二年間続くことになる。

これに続く八年間（一九四五年から五二年まで）、フランス知識人の大多数は「銃殺された者たちの党」〔共産党のこと〕に賛同していったが、この時期は、サルトルとフランス共産党のあいだでは対決と憎悪の期間となる。サルトルは著名人になっていき、実存主義の大流行があり、雑誌『レ・タン・モデルヌ』が創刊され、講演、論説、旅行など、発言の機会も増大した。しかしまたこの間、彼は共産主義者の敵ナンバーワンとなった。「マルクス主義に反対する、偽預言者」と、ガローディは言った[1]。「タイプライターを打つハイエナ」、「危険な獣」、「方向を見失った一群のブルジョワに」取り巻かれ、「苦い目をして、筆先だけは無尽蔵で、やわな腕、どうしようもなく、哀れなほどにやわな腕をした[2]」男と、サルトルの教え子だったジャン・カナパ[3]は述べる。一方『ユマニテ』紙上では、ギィ・ルクレルクが、戯曲『汚れた手』について、サルトルは「三〇ドニエとアメリカ産レンズ豆一皿で買収された[4]」と、断定した。それは共産主義者がフランス政府の閣僚のイスを失い、党が硬化した時期だったが、対立が最も激しかったこの当時における、サルトルとフランス共産党の軋轢には、二つのタイプがあったと言えよう。一つは知的・哲学的な面での軋轢、もう一つは、政治的対立である。何故ならこの期間、サルトルは「第三の道」を探る革命的民主連合の運動を主導していたからである。この運動は間もなく頓挫する。そこで最後にはサルトルは、フランス共産党に対して自分の立場をどのように定めるのかを交渉しようとすることになる。共産主義者と同じ行動をすることなく、彼らよりさらに左側で闘いを続けるのである。

（1）R・ガローディ「偽預言者」、『レットル・フランセーズ』、一九四五年十二月二十八日号。
（2）参考文献95参照。
（3）一九二二〜七八年。サルトルの教え子で、共産党に入党。共産党系文芸雑誌『ラ・ヌーヴェル・クリティック』の主幹を務め、政治局員にまで上る。サルトルは「カナパ作戦」（『シチュアシオンⅦ』）で彼を痛烈に批判し、「白痴」扱いしている〔訳注〕。
（4）G・ルクレルク「サルトル氏は汚れた手をしている」、『ユマニテ』一九四八年四月七日号。

その後、一九五二年から五六年までは、四年間の同伴者時代である。いわゆる「伝書鳩」事件に続くジャック・デュクロの不当な逮捕は、サルトルの激しい反撃を呼ぶ。サルトルは「怒りで一杯になって」不当な攻撃を受けた共産党員たちの救援に駆けつけたのである。「私は書かずにはいられなかった。さもなければ窒息したはずだ」とサルトルは説明している。そして彼は『共産主義者と平和』[1]を書いた。それは自分と共産主義者たちとの関係についての最初の突っ込んだ考察の企てであった。「反共主義者は犬だ」[2]という言葉は、いまでも有名であり、時代の刻印を刻まれている。ウィーン会議、ソ連旅行、そしてサルトルは、フランス・ソ連協会の副会長になりさえする。とにもかくにもそれは好意的な協力であったが、一九五六年のソ連軍のハンガリー侵入の際に、始まったときと同様に突然、終了してしまう。それ以前の時期、〔一九四七年四月、左派三党連立政府の崩壊で〕野党に追いやられたフランス共産党は、己の論理の内側で、『レ・タン・モデルヌ』グループの批判的論理に必ず向き合っていたのである。

（1）参考文献36参照。
（2）同前。

フランス共産党の軌道を離れたサルトルは、第三世界主義の局面を開始する。そして「スターリンの亡霊」のなかで、フランス共産党との全面的訣別の理由を説明する。「こんにちわれわれは再び反対に回る。（……）われわれはフランス共産党の脱スターリン化を援助しようと試みるであろう」[1]。あるいは

「現在フランス共産党の指導部にいる人物たちとは、関係を回復するのは不可能であり、今後も不可能であろう。彼らの挙動の一つ一つが、三〇年にわたる虚偽と硬直化の結果なのである……」[2]。サルトルは幻想から覚めた。フランス共産党は彼にとって相変わらず同盟者ではありつづけるが、ただし疑わしい同盟者である。『レ・タン・モデルヌ』は相変わらず党を、労働者階級への仲介物と見なすが、それはソ連邦が、いくつかの民族解放運動への仲介物であるのと同じで、それ以上ではない。今後サルトルは、第三世界のほうに視線を向けていくのである。アルジェリア戦争、キューバ、ヴェトナム戦争といった、あらゆる植民地解放の運動への厖大な支援、ファノン[3]およびルムンバ[4]との会見、そしてこれらの問題に対する共産主義者の引っ込み思案の政策への規則正しい批判。それと同時に、サルトルはあらゆる動きを求め、社会的反抗の運動に注意を向けつつ、世界の発見を継続して行き、一方で、制度化された政治機構に対する懐疑をますます強調していくことになる。

(1) 参考文献38参照。
(2) 「ブタペスト以後、サルトルは語る」、『エクスプレス』一九五六年十一月九日。
(3) ファノン(フランツ・):一九二五〜六一年、仏領マルチニック出身の黒人精神科医。アルジェリア独立運動に身を投じ、アルジェリア臨時政府の外交代表となる。主著『地に呪われたる者』には、サルトルが序文を寄せた〔訳注〕。
(4) ルムンバ(パトリス・):一九二五〜六一年、コンゴ(現ザイール)独立運動の指導者。独立コンゴ共和国初代首相となるが、政敵に逮捕され、殺害される。サルトルには「パトリス・ルムンバの政治思想」と題する論考がある(『シチュアシオンV』所収)〔訳注〕。

一九六八年から、サルトルは左翼主義と適応の時代に入る。そして毛沢東派に接近する。社会的な自発性と興奮の最良の指標となっていたのが彼らだったからである。サルトルはいくつもの同心円を抱えていたが、それらの同心円は次第に彼自身の宇宙——すなわち世界についての彼の知覚の現実——に近付いてゆくのである。そうした同心円の論理に従って、彼はフランスにおけるあらゆる種類の社会的脱落者たち、囚人や同性愛者等々への関心をますます強めていき、そうした者たちに公然たる支援をもたらしていく。生涯で初めて実際行動に身を挺しつつ、プロレタリア左派とか革命といった、激しい弾圧に晒された集団とともに活動し、『リベラシオン』という名を冠する通信社と新聞の創設に貢献することになる。ソ連反体制派への支持を公式に表明し、ソ連における反ユダヤ主義に抗議し、生涯の終わりに至って、絶対自由主義型の社会主義への賛同を明確に表明する。ここに来て初めて、共産党がとにもかくにも労働者階級の代弁者ではある、と考えることを止めるのである。それからは、共産党は彼の視界から消える。政治的布置がご破算になり、サルトル自体が一個の制度機構となる。そして彼が樽の上に立って、ビヤンクールの共産党系労働者に向かって、プロレタリア左派の名において呼びかけたとき[1]、共産党は申し訳程度の抗議しかしない。共産主義者自身の目から見ると、サルトルは今や一個のモニュメント、回収不能の左翼主義のモニュメントに変貌したのである。

（1）一九七〇年十月二十一日、アラン・ジェスマールの裁判の当日、サルトルは「予め結論の出ている裁判で証言を行なうのは無益である」として、出廷して証言することを拒否、代わりにパリ西南郊のビヤンクールにあるルノー公社の門前で、樽の上に乗って演説した。ジェスマールは一九六八年五月の学生反乱の指導者の一人で、のちに毛沢東派の指導者。

複雑な道程であり、それはサルトルその人の活動の変動と展開に応じて、ジグザグに進んだ。今やこれを、フランス共産党がたどったジグザグの軌跡や歴史の偶然に照らし合わせて、解釈し、分析し、測定する必要があろう。そしてまず始めに、サルトルを対象とする最初の重要な批判――それは大抵の場合、かつての共産党活動家から、何度も繰り返して提出されたのだが――を、取り上げてみよう。たとえばエドガル・モランは、サルトルの政治的基盤を記述するのに、「亜スターリン主義者」という概念を用いている。超スターリン主義者とは、ソ連の強制収容所の存在を頑強に否定し、盲目的にソ連を支持する者だが、亜スターリン主義者はその逆で、最初の社会主義国に対するすべての批判を受け入れつつ、それでもめげることなく、世界のいたるところに革命を探し求めつづける者である。サルトルに対するこのような批判は、今ではとくに珍しくもなくなったが、ここ数年来すっかり出揃った形である。そしてとくに理性と心理における根拠が示されている。その最も練り上げられた形態においては、この批判は、政治的、認識論的、(ほとんど)精神分析的の三つの次元に分かれるのである。

――政治的批判は、サルトルは一貫して「共産主義の露払い」の役回りを演じた、とする。その役回りは絶えず更新され、彼はそれを第四局面(一九五二年から一九五六年)のあいだ、全面的に演じたわけだが、その後も同様に演じつづけた、ということになる。大きな国際的紛争に関して態度表明するときには、彼はいつまでも、「アメリカ合衆国こそ敵だ」という相も変わらぬ同じ文句を繰り返す。いささか愚直に演じられるこの微妙な役回りのゆえに、彼は代わるがわる、初歩的な批判からフランス共産党を擁護したり、解放運動を、もっぱらアメリカ帝国主義に反対する者への偏愛が明らかに見て取れる偏ったやり方で支持したり、さらにはマルクス主義を「われわれの時代の乗り越え不可能な地平」と宣言して、それによってインテリゲンチャを共産主義への理論的依存状態に縛り付けることになった。したがってサルトルの存在は、当人は知らぬまに、フランス共産党の「調整標識」のごときものとして機能したのだ、ということになる。これはアニー・クリージェル[1]の命題である。彼は、潔白で共感しうるものに見えただけに、危険な存在であり、その本質的な機能は、知識人の論争を、長期的にはソ連邦の利益に奉仕することにしかならない帰属関係に閉じ込めることであった、ということになる。それによって愚かにも、強制収容所の現実に断固として立ち向かっている者たちの武器を、系統的に奪うことになったのである。

（1）一九二六～九五年、フランス共産党研究の第一人者。もと党専従で、ハンガリー事件（一九五六年）後に脱党した〔訳注〕。

――認識論的批判によれば、このような世間知らずの役回りは、何よりもまず、政治の分野で露呈した、サルトルのすさまじい「無能力」が原因である、ということになる。この命題はこんにちでは敷衍されすぎている（先に挙げた、周知の「誤り」の数々）ので、ここで詳しく扱うには及ばないだろう。

——最後に精神分析的批判は、このような行動の根源には、激烈な自己憎悪が隠れており、サルトルは、畑違いの、とくに不得手な領域に乗りだして、自分の名声を日々危険に晒した、と主張する。こうして彼は、明確なマゾシズムによって、己の階級と、己の教養と、己の出自の過去とを引き裂いた。そして、おそらくはまさにそれによって、戦前の受動性という罪、レジスタンス運動のなかにほとんど不在であったという罪を、購ったのだ。そして、政治の才に恵まれなかった彼は、地雷原に踏み込んで、スターリン主義の論理への生け贄として身を捧げたのだ、と言うのである。

こうした解釈は、こんにちでは大抵の者が賛同しているようだが、事実と合致しない。サルトルがフランス共産党とのあいだに維持していた付き合いは、戦後に多くの知識人が共有していた、幻惑という自殺行為に等しい共犯状態に、ただの一瞬たりとも近付いたことはないのである。実のところ、サルトルは厳密な意味での共産党活動家とは、ほとんど接触を持たなかった。あまり知人もおらず、さらにそのうえ、知人を持とうとする努力をいささかもしなかった。このような事態は、のちの左翼主義時代には再現されることはない。彼は毛沢東主義者の活動家たちに近付き、そのうち何人かとは現実の友情関係を結び、彼らとともに積極的実践活動を行なったのである。共産主義者とは、そのようなことは一度もなかった。知的論争だけにしか関心がなかったのである。そして彼の言説の土台は、フランスのマルクス主義者——カナパからアルチュセールに至る——のそれとは厳密に言って正反対であり、主観性と志向の哲学を最優先させるものだった。

「サルトル的マルクス主義」の最良の注釈者の一人であるメルロー＝ポンティは、この点を指摘し、フランス・マルクス主義一般の科学主義的・客観主義的土台に注意を喚起している。サルトルの最も深層における企てとは、実は共産主義者の考察に正当な根拠を与え、彼らの行動の方向を転換させることではなかったか。彼はそのように言い、同伴者の時代においてさえも、絶えずそう言いつづけている。行動の統一はいくつかの限られた点について受け入れ、しかも「彼らの原則から」出発して（傍点はサルトル自身による）推論するのではなく、自分自身の「原則から」出発して推論したのである。哲学者としてのサルトルは、フランス共産党に関して、彼にしばしば見られるある型の知的行動様式に訴えている。それはブルデューが適切にも「根底的乗り越えの挙」[1]と形容した行動様式である。サルトル一流の包括的分析形態は、その研究対象の生き血を一口で吸い取ってしまい、それを彼自身の思想の二次製品にしてしまう。そして彼はフランス共産党にそれ自身の実践の真理を告げ知らせる責務を遂行する、ということになる。このような態度を共産主義者たちがどれほど嫌悪したかは、言うに及ばない。

（1）参考文献96参照。

もっともサルトルは、考察を続けるなかで、自分自身の使用のために、満足のいく共産党をつくりだそうとする。イタリア共産党に対する紛れもない理想化に専念するのは、そのゆえなのである。鈍重で蒙昧主義的で硬直したフランス共産党とは反対に、隣国イタリアの共産党は、知性と柔軟性のあらゆる兆候を示すことであろうし、「そのトリアッチ〔書記長〕」は永遠に寛大に扱われ、トレーズやデュクロと同じように厳しい判断をサルトルによってくだされることはけっしてないだろう。だとすると、サルトルは、共産主義者が抑圧されていたときほど、彼らに近いと感じたことはないという、明白な真実を認める必要があるだろう。第四局面の始まりにあって、彼が共産主義者の救援に駆けつけたあの態度は、疑う余地のない印なのだ。排斥され、抑圧され、罵倒されたフランス共産党は、そのとき、彼にとっては、黒人やユダヤ人や囚人と同じ資格で、社会からの除け者となっていた。サルトルがあのとき彼らに関心を抱いたのは、その資格においてであったのだ。したがって、とくにエドガル・モランが用いた政治学的解読格子は、サルトルとフランス共産党のあいだに成立した関係の成功も様態も説明することができない以上、それだけでは両者の付き合いを解釈するに充分ではない。より突っ込んだ解釈法が必要となるのである。

この考察から、われわれの目から見て枢要な一つの与件、すなわち戦後の知識人のステータスというものを排除することはできないだろう。というのも、サルトルの知的成功は、部分的にはおそらく、彼と読者層とのあいだに成立した一風変わった共生によって説明がつくのだ。フランスは長いあいだ、大学の制度機構のいくつかを、非常に特殊な形で発展させて来た。高等師範学校、然り、アグレガシオン、然り……。こうしてこの「教授たちの共和国」の周りに、貴族的にして批判的な伝統に根ざす一つの知の国土が形成されたのである。この教授たちの共和国は、褒めちぎられるにせよ、嫌悪されるにせよ、第三共和国と第四共和国のあいだ、フランスの知の営みのうえに疑問の余地なき覇権を揮いつづけた。サルトルはその最も純粋な製造物であると同時に、おそらくはまた、その最後の代表者でもあったと思われる。彼がその絶頂に達したのは、制度が解体し分解していく、ちょうどその瞬間においてだった。さらに言うなら、サルトルはその最盛期に、知識人の批判的権限を模範的に代表し、かつそれを称揚し、賤民のステータスと特権者のステータスを統合した「私生児」[(1)]のパラダイムは、戦後のフランス知識人に完璧に当てはまったのである。

（1）サルトルという作家の本質を規定する概念として「私生児性」を提唱したのは、フランシス・ジャンソンである。参考文献70を参照。さらにそれに「特権者にして賤民」という概念を添えたのはピエール・ブルデューである〔訳注〕。

この対話は、政治の世界のなかよりも、より広く知識人界のなかに探し求める必要がある。サルトルを単なる共産主義者たちの露払いにしてしまうのは、二重の間違いであり、彼の現実の政治的関心が及ぶ本当の範囲がどれほどのものかを捉え損ない、それを小さな枠に押しこめてしまうこととなる。ところがサルトルは、たとえばアロンとは違って、政治学的論争を越えでたところに身を置いているのだ。彼の関心の及ぶ範囲とはまさに哲学的な枠組なのである。彼の企ては、知識人と社会の関係についての企てであり、そこには彼が真実であるかどうかが掛かっているのである。したがってまず第一に二つの論理は、そしてとりわけ政治的現実を捉える二つのレベルは、かみ合わないということになろう。サルトルは、ヴォルテールとルソーに始まり、十九世紀にはラマルチーヌとユゴーによって継承され、ついでゾラ、マルロー、そしてあのジィドによって継承された、フランス知識人の偉大なる伝統を継承したのだ。それは開明的啓蒙知識人、世界の批判的良心たる知識人という典型的にフランス的な伝統である。この知識人は、正当な立場に立つ案件を一つとして取り逃がすことはない。何しろそうした案件は、この知識人の関心と影響力と行動の範囲内に自然発生的に飛び込んでくるのであるから。それゆえ、たとえばカラス事件[1]やドレフュス事件は、ラッセル法廷やアルジェリアでの拷問の問題の双子の兄弟だということになるだろう。そしてサルトルは、メルロー＝ポンティが見事に説明したように、その「ウルトラ・ボリシェヴィズム」のなかに、「共産主義者の行動とは別の行動[2]」を見出すに至った、ということになるだろう。

(1) ジャン・カラスはトゥールーズのプロテスタント商人。殺人罪で死刑に処せられたが、ヴォルテールは彼の無罪を確信するに至り、彼の名誉回復のための活動を開始して、ついに実現する（一七六五年）。知識人のアンガジュマンの古典的事例とされる〔訳注〕。
(2) 参考文献97参照。

第十三章　アルジェリア戦争と第三世界主義的活動の開始

アルジェリア戦争は、サルトルとカミュのあいだで、あらゆる逆説の舞台となった。ロラン・デュマは、アルジェリア戦争のことを「サルトルの戦争」[1]と呼んだが、そもそもサルトルはこの紛争に関わる知識人ナンバー・ワンになるべく決められていたというような条件は何一つなかった。彼はフランスによるアルジェリアの植民地経営にまつわる特殊的な諸問題に通じていたわけではなく、この件に介入したのも、当初からではなく、それも間接的にであった。一九五〇年に、彼はシモーヌ・ド・ボーヴォワールとアルジェリア旅行を行ない、ムザブ地方に赴いているが、その旅行は政治的なものではなく、観光旅行にすぎなかった。「私たちは、植民地制度には反対だったけれど、現地人相手の行政や道路建設の監督にあたっている人びとに対して、頭から偏見を抱くようなことはなかった」[2]と、彼女は帰国後に記している。やがて、一九五六年に、フランス植民地体制を告発する声があちこちから上がったとき、サルトルはジャンソン[3]、バラ、マンドゥーズ[4]、セゼール[5]、マスコロ[6]、アンルーシュ[7]の声にあわせて声を上げた。

しかし、これから見る通り、自分なりにそれを行なったのであって、自分からイニシアチヴを採ることはなかった。他の者にあわせて声を上げた、というだけにすぎなかったのである。彼が第一線に立ち、次第に積極的に介入しはじめるのは、フランシス・ジャンソンとの不和の時期——一九五六年十一月から一九五九年春まで——が終わったのちのことだった。一九六〇年は、彼にとって大変な年となる。彼の政治的なフル稼働の年、おそらく生涯で最も集中度の高い年である。この年のあいだに、彼はフランスの対抗大使に変貌して、キューバ、ブラジル、ユーゴスラヴィア、ソ連を訪れる。彼がカストロ、チトー、フルシチョフといった国家元首に公式の国賓として迎えられたのも、この年のことであった。さらには、アルジェリア民族解放戦線への支援組織網に支持を与え、左翼知識人の大きな部分の先駆けとなると同時に、反動的右派からスケープゴートにされたのも、この年のことである。「サルトルを銃殺しろ」と、その年の十月に、極右の活動家たちは喚きたてる。「ヴォルテールを投獄するわけにはいかない」という象徴的な回答を、その二カ月後にド・ゴール将軍は発することになる。

(1) ロラン・デュマの証言。一九八四年十月十五日の、A・コーエン=ソラルとの会談における。
(2) 参考文献98、二八四頁〔邦訳、上、二二三頁〕参照。
(3) ジャンソン（フランシス・）：一九二二年生まれ。サルトルの協力者で、優れたサルトル論を数遍著わす（参考文献69、70など）。カミュの『反抗的人間』を批判した「アルベール・カミュ、すなわち反抗的魂」で、いわゆる「サルトル・カミュ論争」の発端となる。また早くからアルジェリア独立を支持し、「ジャンソン機関」を組織して、フランス軍兵士の不服従行為を支援した〔訳注〕。

（4）マンドゥーズ（アンドレ・）：一九一六年生まれのキリスト教会史研究者。アルジェ大学文学部に赴任し、反植民地主義の闘争に身を投じる。独立後のアルジェリアの高等教育局長に任じられる〔訳注〕。
（5）セゼール（エメ・）：一九一三年マルチニックに生まれる。黒人奴隷の子孫として、白人植民者への憎悪を歌う詩人。ネグリチェード運動の代表的存在〔訳注〕。
（6）マスコロ（ディオニス・）：一九一六〜九七年。共産党から除名されたが、共産主義を信奉。「一二一人宣言」を組織するなど、アルジェリア独立支持の運動を推進〔訳注〕。
（7）アンルーシュ（ジャン・）：一九〇六〜六二年。アルジェリアの少数民族カビル人の詩人〔訳注〕。

逆説的にも、彼にとって最初の「第三世界主義的」闘争であるアルジェリア問題において、サルトルの存在はいたるところで幅を利かせたが、カミュの存在は後ろに退いていった。カミュがアルジェリア戦争という舞台の上に不在であったのは、これもまた逆説的である。今さら指摘するまでもないことだが、アルジェ郊外のベルクールに生まれ育ったカミュは、やがてこの貧民窟の緊張と苦しみを表現することになった。一九三五年にはアルジェリア共産党に加入し、一九三九年には、一連の注目すべき現地ルポルタージュを書いている。「カビリア地方の悲惨」を伝えるこれら一連の記事は、今でも、当時のアルジェリアの現実に関する最も真摯で最も資料的裏付けのある証言として残っている。カミュは、アルジェリアの住民にのしかかる緊張を醸成した政治的・文化的・社会的文脈を、あらゆる側面から実によく承知していた。この領域について、彼はジャーナリストとして、小説家として、モラリストとして、進んで意見を表明した。だとするなら、アルジェリア戦争が開始したときから、彼が政治の舞台から姿を消してしまうというこの奇妙な事態は、どのようにすれば説明がつくのか。それはまず始めに、政治的な退場であった。「私はアルジェリアの痛みを感じる」。一九五五年二月一日に、彼はたった一言、そう言った。その後、一九五六年、そして一九五七年には、非常に限られた点についてしか発言しなくなり、それもつねに一種苦渋に満ちた発言ばかりとなる。そうこうするうちに、最後は肉体的に退場してしまう。一九六〇年一月四日、自動車事故を起こして死んでしまうのだ。それは、重要な裁判、重要なマニフェスト、そして左翼を動員した大デモンストレーションの数カ月前のことであった。

アルジェリア戦争をめぐって、サルトルとカミュは、要するに出会い損なうのである。一九五四年十一月、当時「アルジェリア事件」と呼ばれたものが始まる。それは二人の作家の公然たる仲違い〔いわゆる「サルトル・カミュ論争」一九五二年〕の二年後のことであった。その仲違い以来カミュの死に至るまで、彼ら二人は、互いを明示的に相手にすることは一度もない。したがって一九五二年は、公式に彼ら二人の最後の対話、最後の公然たる対決の日付となることだろう。そしてアルジェリア戦争に直面して、彼らは互いに対立する陣営に身を置いたけれども、彼らの敵対関係、とくに一九五七年のそれ——のちに触れるが——は、現実の対立というよりは、相手の声が聞こえない者同士の対話の様相を呈することになった。こうした最終的な埋没、この沈黙、これらの和解不可能な意見の相違は、二人の友情にとって何とも悲しい結末であった。サルトル・カミュの仲違いが、メディアによって煽りたてられたことは、間違いない。メディアは、フランスの文学者同士の、歴史上の何番目かの対立関係を強調するのに、底意地の悪い喜びを感じないではなかった。というのもこの伝統は、葬り去るには暇がかかり過ぎるのであり、サルトルがカミュに放った残酷な矢の背後、カミュがサルトルに向けた悪意に満ちた言葉の背後には、フランス文学の歴史のなかで有名な一騎討ち、コルネイユとラシーヌ、ヴォルテールとルソー、さらに近年では、ルイ・アラゴンとアンドレ・ブルトンのあいだの一騎討ちの影が垣間見えたのである。そういう訳で、アルジェリアの大地に最初の暴力行為が出現した頃、サルトルとカミュは、この近親憎悪の敵対者同士という公的な役回りに閉じこめられており、その後もその役をこのうえなく上手く引き受けようとすることになる。とりわけ彼ら二人は、対称的に逆転した動きをたどるという奇妙な論理に陥っていた。現地の人間で、アルジェリアの現実に精通しており、敏感な関心を抱き、引き裂かれていたカミュは、次第に沈黙の人、不在の者となっていく。本国人で、アルジェリアの人間ではない、理論家のサルトルは、左翼知識人の象徴、アルジェリア戦争の預言者となっていく。互いにますます遠ざかっていくこの二つの動きの、いくつかの契機をとらえ、いくつかの場面を取り上げることができよう。

一九五七年一月二十二日、カミュはアルジェにいた。フランス人のリベラル派とイスラム教徒の「中道派」からなる市民停戦期成委員会が、進歩クラブ会館での集会を企画し、それに協力してくれるようカミュに頼んできたのだ。空気は張りつめていた。右翼過激派はその企てを、フランスそのものとフランス領たるアルジェリアへの裏切りと告発し、それを阻止するために動員されていた。脅威と攻撃を危ういところでかわしつつ、カミュは短い演説を行なうことになる。これはのちに「市民停戦へのアピール」というタイトルで知られ、『アクチュエルII』に収録されるものである。カミュはとりわけ、次のように述べている。「これは、われわれに突きつけられた、生死を分つ選択です。被害を一定限度に食い止めるために、互いに手を結ぶことに（……）成功するか。そうすれば、満足のいくような事態の推移を促進することができるでしょう。それとも、結集し、説得するのに失敗するか。そのときその失敗は、未来のすべてに反響するでしょう（……）」[1]。その五日後の一九五七年一月二十七日、サルトルはパリにいた。ワグラム・ホールで開かれた、アルジェリア戦争遂行に反対する知識人行動委員会主催の大集会に、参加していたのである。そこでなかでも次のように説明している。「われわれ本国のフランス人としては、これらの事実から引き出すべき教訓は、ただ一つしかない。植民地主義は、己を破壊しつつあるということだ。しかしそれは今でもまだ空気を悪臭で汚染している。それはわれわれの恥であり、われわれの法を愚弄し、戯画化している。われわれにその人種差別を伝染させるのである……」[2]。すでにその頃から、サルトルの周辺では、アルジェリアにおける拷問の最初の風説が集まっていた。その頃すでに、フランス在住のアラブ人に対する最初のデモがあり、軍と警察のさまざまな動員を見つめる人びとの目は非常に不安げだった。軍事独裁の到来を恐れていたのだ。カミュとサルトルの二つの宣言を見てみるなら、同じ時期に同じ政治的現実を知覚したものであっても、根底的に異なる表象が形をなしていることが見て取れるだろう。カミュは二つの共同体のあいだの和解を探し求めている――「被害を一定限度に食い止めるために、互いに手を結ぶ」。サルトルは、フランス人植民を告発し、彼らに公然と宣戦布告し、アルジェリアに確立した植民地制度を弾劾する――「われわれの役割とは、それが死滅するのを手助けすることである」。

（1）参考文献99、九九八頁〔邦訳「アルジェリアにおける市民休戦への呼びかけ」、『カミュ全集9』、新潮社、二四八～二四九頁〕参照。
（2）参考文献35、四二頁〔邦訳三五頁「植民地主義は一つの体制である」〕参照。

カミュは、身内の者に囲まれており、アルジェリアの現実の複雑性、人間同士のつながり、あってはならない決裂、問題の相対性を知覚していた。サルトルは、遠くはなれたパリから、この紛争の本質をなすマクロな諸組織の構図を分析し、それらの組織を、善悪二元論的でわかりやすい、単純なやり方で対立させてみせた。だからそれは二つの神話系のあいだ、この紛争を人びとと自分自身とに物語る二つの語り方のあいだの、すれ違いの対話なのである。カミュは、理論的にしかわかっていない現実についての勝手な分析を、「遠くはなれたところからマイクで伝えようとする者たち」を批判する。これに対してサルトルのほうは、何もかにもだれも彼も、見境なく一緒くたにして和解させようとする「新植民地主義者たち」を告発する。だからこれはアルジェリアの出来事の二つの「物語」であって、どちらもどちらなのだ。時を隔てたこんにちになってみると、この二つの物語は、政治的なものをめぐる神話の二つのタイプ、断固として理想主義的な二つの取り組み方となるのであり、この二つは、いろいろ経緯はあったが、結局相互補完的なのである。コンセンサスの神話に対するに、根底的なものの神話、友愛の神話 対 アポカリプスの神話、人権の神話 対 世界秩序の転覆の神話、かたや、暴力はわれわれ一人一人のなかにあるとする神話、こなた、暴力とは「国家の独裁」のなかにあるものとする神話、かたや、心とか知性とか勇気といった価値を誉め称える神話、こなた、抑圧という言語道断な事態を告発しつつ、明晰に現状に立ち向かうべきだと訴える神話、というわけである。

要するに〈歴史〉を物語る二つの語り方である。それにしてもサルトルは、この紛争の具体的顕現をどれほど承知していたのだろうか。彼のアルジェリア戦争は、どちらかと言うと、彼の軍人に対する憎悪、保守政治が政権に復帰することへの恐れによって規定されたものではなかっただろうか。アルジェリアの出来事とは、サルトルにとって、フランスの腐敗の、フランスの「壊疽」の顕示にほかならなかったのではなかろうか。それはまた、二つの伝統の対立でもあった。サルトルは、よりイデオロギー的で、ドグマ的であり、カミュは、よりプラグマティックで、モラリストだった。カミュの政治思想が立脚していたのは、一種社会的ユートピアとも言えるものだった。一九五七年一月二十二日の彼の演説は、さらにこう述べていた。「われわれはナイフでの一騎討ちの段階、それに近い段階にいるのに対して、世界は超音速飛行機のスピードで変化していく。われわれの新聞は、われわれの地方的な対立の悲惨な物語を印刷している、その同じ日に、ヨーロッパの原子力企業連合の設立を予告するのだ。明日、ヨーロッパが自分自身と和解に達するなら、あふれ出る豊かさが大陸を覆い尽し、この地にまであふれ出てきて、われわれの問題は現実性を失い、われわれの憎悪は時代遅れのものとなるだろう」[1]。この発言はアルジェで、白人とイスラム系が交じった聴衆の前でなされた。こうした言説を、こんにちまでに獲得された結果に基づいて眺めるという誤りに陥ることなく、それ自体の歴史的文脈のなかで分析するならば、当時の思考様式の見失われた痕跡を見つけ出すことができる。カミュは、政治的なものの領域に感情的なものが介入してきたことで、あたかも硬直痙攣を起こしてしまったかのようで、当時、一種政治的不可知論とでも言うべきものの方向へと変化しつつあった。サルトルはと言うと、四年間にわたる共産主義者との同伴時代を抜け出したばかりで、まだマルクス主義イデオロギーの影響を強く残しており、それをアルジェリアの出来事に適用しようと試みていた。要するに、二人の人物は、ちょうどその頃、政治的均衡を回復しつつあるところだったのである。

（1） 参考文献99、九九九頁〔邦訳、前掲書、二五〇頁〕参照。

ワグラム・ホールでのサルトルと進歩クラブ会館でのカミュという二人の人物がたどる政治的道程は、同時的でありながら、厳密に正反対のものであった。そして二人の一九五七年一月における対立は、あたかもこの二人の久しい以前からの対立の総仕上げであるかのようだった。新聞雑誌は、しばしば単純化して、この二人の作家のあいだには、始めは友情があったが、ついで仲違いがやってきた、というふうにまとめる。しかし二人の関係はもっと複雑である。それは二二年前、一九三五年に始まる。サルトルは三十歳だった。彼は、フランスのエリート主義的伝統の相続者で、本に囲まれて、高等師範学校というふかふかの揺りかごのなかで育った。ル・アーヴルのリセの哲学教授であった頃は、フランスの地方都市が強いる窒息状態と、自分の書いた物が出版されないという挫折との両方を呪っていた。無政府主義的傾向の、孤独な個人主義者たる彼は、左翼政党の大行進を冷笑的な目で眺め、ソ連の実験に魅了されたフランスの共産主義者が語る希望を皮肉な思いで聴いていた。一九三五年、カミュは二十二歳でアルジェリア共産党に加入する。マルクス主義イデオロギーには距離をとりつつも、自分自身の不平等と社会的貧困の体験には忠実でありつづけることになる。演劇、小説、ジャーナリズムといった教養は、成り上がり者の飢餓感で身につけていき、やがて早熟な作家となっていく。共産党に二年間所属したのちに、カミュは政治的活動からは遠ざかり、それが再開されるのは、レジスタンスのなかでの新たな政治的経験を待たねばならない。その間、彼は一時的に左派社会主義者となるだろう。たとえば一九四五年から四六年には、フランス共産党の同伴者になるのである。

ますますカミュは、限定された政治目標に身を捧げることに執着するようになり、たとえば一九四八年には、倫理的社会主義と呼ぶこともできそうな場面に、ゲイリー・デイヴィス[1]と並んで登場したりするが、それに対してサルトルのほうは、正反対の方向にまっしぐらに突き進んだ。一九四一年には、数カ月間レジスタンスの小グループでの活動というエピソードがあったが、具体的なものとのこの最初の遭遇で手ひどい挫折に打ちのめされ、一時期、哲学書の執筆に閉じこもる。そのなかから『存在と無』が生まれ、『倫理学』を予告する。その七年後には、相変わらず「第三の道」の展望のもとに、再び活動を開始する。一九四八年にダヴィッド・ルッセ[2]とともに企てた革命的民主連合の創立である。しかしこれも占領期と同じく具体的なものの反撃にあって、同じ挫折に終わり、彼はまたしても同じような苦境に陥るのである。哲学的著作の執筆は、実践的行動の代用物なのだろうか。それの挫折に対する回答なのだろうか。そこで『倫理学』が書かれることになるが、発表ははるかにあとのことになる。サルトルが共産主義者たちに接近するのは、ようやく一九五二年になってからのことにすぎない。それはフランス知識人の大部分の動向に逆らった動きだった。彼自身の個人的論理に従って——しかしそれは同時にまた、より客観的な論理にも合致していたが——彼は一九五二年のフランス・プロレタリアートこそ、最も抑圧され、そのために彼の支援を要求している人びとであると考えるようになる。カミュとの仲違いは、まさにそういう時点に位置するのだ。サルトルが「伝書鳩」事件[3]といった一連の事件に目を曇らせて、フランス共産党の許へ駆けつけることこそ最も緊急になすべきことだと決断した、あの決定的な転換点に位置するのだ。そしてカミュは、「携帯用の台座[4]」を持ち歩く「ブルジョワ」として扱われることになる。それもその頃のサルトルに特有の激しい口調で決めつけられるのだ。かつてなく辛辣になっていたサルトルの目には、カミュは文句ない「下種野郎」となっていたのである。

(1) アメリカ人。一九四八年九月に、パリのシャイヨ宮（国連臨時本部）の前で、アメリカ国籍を捨てて「世界市民」を宣言し、座り込みを行なう。カミュは、ブルトンやリチャード・ライトらと共に彼を支援する運動の先頭に立った〔訳注〕。
(2) 一九一二〜九七年。トロツキストで、レジスタンスのために逮捕され、ドイツの強制収容所に送られる。「サルトルとルッセの党」と呼ばれる革命的民主連合の挫折ののち、ソ連の収容所の調査委員会を提唱〔訳注〕。
(3) 一九五二年五月二十八日、NATO軍総司令官として着任するアメリカのリッジウェイ将軍（朝鮮戦争での国連軍総司令官）に対する抗議デモが当局によって禁止されたことにより、デモは本物の市街戦となった。その際、共産党指導者ジャック・デュクロが妻と共に車で帰宅するところを逮捕され、車中にあった鳩が陰謀のための伝書鳩とされた。実は、地方の活動家から送られた食用の鳩だった。この事件を知ったサルトルはイタリア滞在を打ち切って急遽帰宅。寝食を忘れて『共産主義者と平和』を執筆。共産党の同伴者となる〔訳注〕。
(4) 参考文献34、九二頁〔邦訳七八頁、「アルベール・カミュに答える」〕参照。

彼ら二人の政治的道程をこのような形で紹介するなら——やむをえないことではあっても——、合流点や衝突点は、たとえわずかなものであれ、ほとんど見出すことができないだろう。まるで彼ら二人は、同じフィールドを並んで進んで行ったが、対話はなかった、というようなのだ。お互いに相手の周りを回っていたが、それぞれが相手の入り込めない論理のなかに閉じこもっていた、とでもいうようなのである。実際、すべてがずれているのだ。彼ら二人がたどった時間的経過においても、特定の対象に対する共感においても、心の深層における熱中においても。ときとして二人が同じ思想を持ったことがあるとしても、それは二〇年、二五年の時間を隔ててのことなのである。社会学習、政治学習、イデオロギー的なものや具体的なものとの遭遇、こういったすべてが、この二人にあってはずれており、時間的に一致していない。実際、彼ら二人の生涯の推移を、厳密に文学的な展望ではなく、より社会的・政治的な展望のもとで眺めるなら、しばしば認められている、最初は親近性、ついで対立という、サルトルとカミュをワンセットと見る観点は、まったく古びたものとなってしまう。あらゆる輪郭がもつれ、二人がたどった政治的道程は、その経験からしても、根源からしても、理論的帰結からしても、根底的に相対立するものであることが、露呈するのである。そして一九五七年一月二十二日と二十七日に姿を現わした神話系は、この相対立する道程の産物であり、その精髄であり、その帰結なのである。

こうなると、あの幸福感の瞬間、友情のバラ色の期間、「似た者同士」の局面のことを思い出せと言う者もいるだろう。カミュはすでに一九三八年に、『アルジェ・レピュブリカン』紙上で、『嘔吐』に賛辞を捧げていた。これを「映像化された哲学」と定義し、その作者をカフカになぞらえ、「独特にして力強い精神の呼びかけ(1)」を感じ取っていた。サルトルはサルトルで、それより数年後、一九四三年に、

『カイエ・デュ・スュド』誌に「『異邦人』解説」を掲載していた。「『これはヘミングウェイによって書かれたカフカの作品だ』と言う人もいたが、私はカフカを見出しはしなかった」と、彼はユーモアをこめて断言している。そして次のような彼一流の文言で締めくくっている。「モラリストの短い小説……ドイツ実存主義者やアメリカの小説家の寄与を取り込んでいるにもかかわらず、実はヴォルテールのコントに非常に近い」[2]。

（1）参考文献99、一四一七〜一四一九頁参照。
（2）参考文献17、一〇四頁と一一二頁〔邦訳九二頁と九九頁〕参照。

『出口なし』の経験のことを思い出せと言う者もあるだろう。サルトルはもともとこれを、カミュ用に、それも演出も主役もカミュを想定して書いた。さらには『コンバ』紙のことも思い出せと。カミュはサルトルに、大ルポルタージュ記者としての、ジャーナリストとしての第一歩を、『コンバ』紙上で行なうよう勧めたのだった。占領下でピカソやレリス〔ミシェル・〕と過ごした「どんちゃん騒ぎ」のことも。その後、解放後にヴィアン〔ボリス〕夫妻とともに楽しんだ、宴会やダンスのことも。『レ・タン・モデルヌ』の最初の編集委員会のことも。サルトルはそれに加わるようカミュを誘っていた。いくつものイメージがせめぎ合い、ぶつかり合う。それほど一九四五年以後には、生きることへの熱情は強烈だった。戦後の二人の花形の才能は、それほどまでにたぎりたっていた。文学、哲学、演劇、文学批評、ジャーナリズム、政治、映画、……あらゆる知的分野が、この二人の作家によって、厳密に言って同じ時期に、同じ用具を用いて、攻略された。一九三八年にロカンタン〔『嘔吐』の主人公〕とムルソー〔『異邦人』の主人公〕が世界に投げかけていた眼差しは、いとこ同士のように似ていたではないか。いずれも、ガラス窓越しの眼差し、明晰と排除が入り交じった眼差しだったではないか。

このようにして、初期カミュの作品と初期サルトルの作品のなかには同じ音調があったという混同が形成されたのである。最初の出会いの頃、最初の陶酔の頃には、二人のあいだには幸福感に満ちた友情があった。成功の絶頂にあったこの二人は、夜の歓楽に身を任せ、戦後再び見出された自由を二人して発見していった。それは確かにその通りだ。しかし、そうしたことのうち何一つとして、彼らの政治的見解、信条、それぞれが築き上げたイデオロギー的構築物に対して、深い影響を及ぼしはしなかった。二人はそれぞれ自分の星の上で自分の道を歩んでいき、互いに影響を及ぼすことはいささかもなかったのである。せいぜい一九四八年十二月十三日に、パリのプレイエル・ホールの演壇の上で、たまたまの巡り合わせによる束の間の出会いがあっただけだ。アンドレ・ブルトン、リチャード・ライト(1)、カルロ・レーヴィ(2)、グイド・ピオヴェーネ(3)、その他がそこにいた。サルトルならびにカミュとともに。しかし、「精神の国際主義」を標榜し、革命的民主連合の名において、一九三〇年代の知識人の大集会の再生を人びとに信じさせることができたかもしれないこの会議は、実際は死んで生まれた死産児だったのだ。準備段階で激しい抗争が派閥間の対立を煽っていた。メルロー＝ポンティは招待されていたが、カミュが口を差し挟んで拒否権を発動し、メルローは外された。「だれもがだれからも離れればなれだった」と、この集会の主催者の一人、ダヴィッド・ルッセは語る。「それはコンセンサスの終わりだった」[4]と。サルトルとカミュは、このコンセンサスの終わりの、ほとんど科白のない端役にすぎなかった。彼らが並んで座るのは、知識人の集会の最後の何回かの機会に偶然居合わせたため、というだけにすでになっていたのである。

（1）一九〇八～六四年、アメリカの黒人作家。共産党に入党するが、のちに脱党。戦後アメリカを去り、パリに住む。代表作は『アメリカの息子』〔訳注〕。
（2）一九〇二～七五年、イタリアの作家、画家。早くより反ファシズム活動に入り、流刑も経験する。代表作は『キリストはエボリにとどまりぬ』〔訳注〕。
（3）一九〇七～七五年、イタリアのカトリック系作家、ルポルタージュ記者〔訳注〕。
（4）一九八二年九月八日、A・コーエン＝ソラルとの会見による。

これ以降、二人の政治的道程は、はっきりと分かれることになる。しかもだれの目にも明らかに。サルトルは、加速化の時代、ますます活動の密度が強まり、ますます介入が頑強になる壮大な時代に飛び込んでいく。カミュのほうは、政治的なものが後景に退き、倫理的なものが前面に出てくる奇妙な懐疑論のなかに入り込んでいく。サルトルは、周知の通り、フランス共産党の予防接種を受けたあとに、再び青年期の古き良き無政府主義的傾向の方向へと流されていくだろう。あらゆる新しい社会的・政治的興奮を待ち構える、手の付けられない老人になっていく。青年たちと、自分の過去の真実の暴露と、あらゆる根付き、あらゆる固執、あらゆる硬直化への憎悪とによって、元気溌剌となる老人に。それは、自分の出生にあたって交わされた神聖な協定書を破り捨てて有頂天になる、逃亡ブルジョワの自由の挙動にほかならない。カミュはカミュで、政治的選択に代わるものとして倫理的な包装用紙を選びながら、己の階級的出自への忠実さをそのまま持ちつづける。アルジェリア戦争はおそらく、二人の作家の生涯のなかで、もともと存在した見解の相違が結晶化する機会となったのである。政治的なものをめぐるこの二つの神話系の背後、〈歴史〉を物語る二つの語り方の背後にあったのは、厳密に言って敵対的な二つの個人的論理の、競合する二つの文学者としての生涯の到達点であった。その生涯は、類似してはいたが、しかしことさら同類に仕立て上げられたのだ。それはおそらくは、成就し損なったおおいなる友情の到達点でもあっただろう。[1]

（1）この章は、参考文献100に発表された論文を転載したものである。

第十四章　西欧文化の生成を考える

第三世界の問題に全面的に結びついた形で、サルトルにとって、西欧文化の生成の問題が立ち現われてくる。これについて彼は、早くも一九四五年から考察を始めており、その問いかけはますます執拗になってくる。一九七五年に彼は、マルセル・ジュリアンの示唆により『サルトルと二十世紀』と題するテレビの連続番組を企画し、二十世紀の歴史的出来事に対する自分の位置を改めて把握しようと試みているが、そのためのシナリオのなかで、早くから芽生えた反植民地主義に触れている。早くも十二歳のときから、心に抱いていたと言うのだ。「私がそのとき抱いた希な政治的情熱の一つ。(……)それはラ・ロシェルで、自然に身に付いた。故国からわが国の工場に運ばれてきた黒人やアラブ人や中国人を目にしていたものだから」[1]。しかしまた、アメリカ漫画の愛読や、冒険への欲求や、西欧文化を他の文化の尺度で測ろうとする、生涯を通じて見られる企ても、やはり早くから芽生えていたのである。

（1）未刊行のシナリオ、『サルトルと二十世紀』(Sartre dans le siècle)、アニー・コーエン＝ソラル文書集。

アメリカ合衆国という国の発見はサルトルに紛れもない衝撃を引き起こしたが、その理由を説明するうえで、彼が一九四五年と四六年に行なったアメリカ旅行は、どれほど強調してもし過ぎることはない。人種差別の実情を目の当たりにしたことは、彼の政治的自覚に計りしれない影響を及ぼしている。「南部ではいたるところで『隔離』が行なわれています」と、彼は帰国後に行なった講演の一つで言い放っている。「公共の場所で、白人と黒人が混ざり合っているような所は一つもありません。白人が行く劇場、レストラン、映画館、図書館、プール、などへの入場は、黒人に対して禁じられています。鉄道と路面電車のなかでは、席は別々です。黒人には彼らだけの教会や学校があり、それは白人の学校より貧しくて数が少ないのです。工場では、別の建物で仕事をするというのもしばしばです。この不可蝕賤民たちは、全面的に政治的権利を奪われています。確かに第十五回憲法修正案は、『アメリカ合衆国市民の投票権は、人種、肌の色、もしくは以前奴隷であったことを理由に、合衆国もしくは州によって、制限ないし拒絶されることはありえない』と規定しています。しかしその裏をかく手はいくらでもあるのです(1)」。

(1) 「アメリカから帰国して、黒人問題について私が学んだこと」、『フィガロ・リテレール』一九四五年六月十六日。

こうした告発および発見とほぼ同時期に、雑誌『レ・タン・モデルヌ』の創刊があり、一九四五年十月のかの有名な講演「実存主義はヒューマニズムである」がある。この講演は、「状況内にある」作家が己の時代にアンガジュマンを行なわねばならない必要性を断定すると同時に、「一九四五年のヨーロッパ人」の位置を探し求め、一九四五年のヨーロッパ人は世界の中心に身を置きつつも、「いかなる投企をも、中国人、インド人、黒人の投企さえも[1]」理解する能力を持つものであるとしている。第二次世界大戦の終戦直後における文化景観は、それとして研究されてはこなかったが、それを再構成してみるなら、まるでブラックボックスのように、過去半世紀間にヨーロッパからのメッセージがたどった知的変遷を開明する鍵を与えてくれるかもしれない。アメリカの女性ジャーナリスト、ジャネット・フラナーは、当時『ニューヨーカー』に掲載した「パリ通信」のなかで、パリの日常を観察している。「パリだけでなく、ヨーロッパ全体が解放された現在」と、彼女は一九四五年五月二十四日付けで書いている。「パリをじっくりと眺め、その最盛期には、知識人の首都、いわゆるフランス的ヨーロッパの文明化された首都であったあの都市の、何が残っているのか考えてみるのが良かろう。パリは陽気ではない。それは不安と苦悶を抱えた気難しい都市で、おそらく病み上がりなのだ」。

（1）参考文献12〔邦訳六八頁〕参照。

当時パリで、このような否定的な表象に同意を表明したような者とは、どんな人間だっただろう。当時、文化的覇権の土台は疑問に付され、底辺の構造はぐらついていたにもかかわらず、神話系は生きつづけていた。そのような時代の世相を精密に聴診しようと試みつつ、サルトルはまた、この転換期について問いかけたのである。可能事の領野は根本的に拡大し、社会規範を作り直すことが可能になっていた。

それは消え去る前の、偽りの黎明のようであった。当時のヨーロッパ人は、すべてが以前と同様であるか、もっと良くなるかもしれないと期待しつつ、夢のなかに生きていたが、そうしたヨーロッパ人の姿はおそらく、神話の崩壊と漸進的消滅の社会学的分析によって、理解することができるだろうし、そうなると、社会についてのイメージと社会のなかで実際に進行している過程とのあいだのずれも、分析することができるだろう。

一九四九年に行なったもう一つ別の演説のなかで、サルトルは文化を、「共通の状況に対する反省」として記述している。「ヨーロッパのすべての国の状況は、共通です」と、彼は断言する。「イタリア、フランス、ベネルックス、スウェーデン、ノルウェー、ドイツ、ギリシア、オーストリアでは、どこでも同じ問題、同じ危険に出会います。まず第一に、経済問題が同じです。つまり、設備を整備し直さなければならないが、アメリカ人以外には援助を頼むことができないというのは、ギリシア人の問題でもあれば、スウェーデン人の問題でもあるのです。いたるところで同じ破滅が経験され、その後には同じ景観が残りました。ロッテルダムは、以前はフィレンツェとまったく異なっていました。しかし現在、フィレンツェのウフィッツィ界隈を散策しようが、ロッテルダムを、あるいはル・アーヴルを散策しようが、いつでも同じ景観に出会います。それは、ヨーロッパに共通の人間によって作りだされた建築物〔戦争による廃墟のことか〕として生まれたものなのです。そして災禍を免れた都市に住んでいたとしても、これらの破壊された都市の存在は重くのしかかり、周囲の景観を変えてしまうのです。手足を失った重傷の都市とはどんなものか、私たちは知っています。そしてそのような都市とはヨーロッパの都市であることも知っています[1]」。

(1)「ヨーロッパ文化によるフランス文化の防衛」、『対外政策』一九四九年、二三三〜二四八頁。一九四九年四月二十四日、パリの外国政策研究センターで行なわれた講演。このテクストはその一部がミシェル・コンタ、ミシェル・リバルカの『サルトルの著作』に引用されている〔参考文献58、二一二頁参照〕。

サルトルが、一九三〇年代の彼の問いかけの特徴をなす孤独者の哲学と新奇なものへの情熱とから出発して、どのようにしてかくも決定的な政治的アンガジュマンの自覚とそれへの転向へと進んでいったのか、考えてみることは正当であろう。そこで決定的な役割を果たしたのは、戦争の体験とアメリカ合衆国の体験で、これによって彼は過去のしがらみを最終的に断ち切る。そして新たな布置を手探りしながら練り上げていくべきだと提唱し、さらには、日常生活においても、あるいは知識人としても——知識人とは、それ自身の知的企てのなかに彼を参与させることのできる可能性を〈他者〉に提供する者にほかならない——、企てと新たな行為者たちとの同盟とを実行するよう提案するのである。「いたるところに抑圧された者（植民地原住民、プロレタリア、ユダヤ人）の姿が見える。私は彼らを抑圧から解放したい。彼ら被抑圧者は私に衝撃を与える。私は自分が、彼らに加えられる抑圧の共犯者であると感じるのだ。彼らの自由こそが、私の自由を最終的に認めてくれるはずなのである」[1]。

（1）参考文献49、八九頁参照。

しかしだからと言ってサルトルを、どのようにすれば西欧は己の文化を発展途上の国々と交渉し直すことができるかを、理解しようと努めた知識人というイメージだけに、切りつめてしまうことはできない。明瞭な自己表現に達しないながらも、なんとか二十世紀の中心的問題に真正面から取り組もうとしたこと、おそらくはこれこそが、サルトル思想の本質的な側面の一つなのである。この二十世紀の中心的問題とは、国際政治の舞台の上への第三世界の荒々しい参入と、歴史の舞台へのいくつかの大陸国家の到来である。サルトルが目指したこの同盟は、不手際も多く、いささか暴力的に誇張されており、こんにち現状に合わせて手直しする必要はある。しかし、サルトルが、ますます現代性を増す問題の所在を突き止めた最初の人間であることは確かではないだろうか。文化面において、彼がフランスと新興国ないし従来の大国との関係を考えようとしたときにも、やはり同じ姿勢がとられることになろう。文化と文化のあいだの間隙に、新たな構造、別の布置が浮かび上がり、それが恒常的な緊張関係を保つことを示唆するのである。「占領は、アメリカの生活、その激しさ、その増殖、その動性がフランスの知識人に対して揮う魅惑の力を増大させました」と、一九四六年に彼は言い放っている。「間もなく、占領下に書かれた最初のフランスの小説が、いくつかアメリカ合衆国で出版されるでしょう。わたしたちは、あなた方が貸してくださった技法をお返しするつもりです。消化し、知性化し、意識的にフランス人の好みに合わせて調整した形でお返しします。ですから効力と荒々しさは少なくなっています。ある国が自分が作りだしておきながら撥ね付けたものを、他の国で再び見出すことになる、こうした絶え間ない交換によって、あなた方はおそらく、それらの外国の本のなかに、あの『古い』フォークナーの永遠の若さを再発見することでしょう[1]」。

（1）一九四六年一月、エール大学にて行われた未刊行の講演。アニー・コーエン＝ソラル文書集。

第十五章　代替文化の練り上げ

驚くべきサルトル。彼はつねに絶対的な透明性を主張しながら、同時にまた、一貫した決裂と剝奪の推力に乗って前進した。こんな男を取り逃がすことなく、跡をつけることが、どうやってできるのか。この剝奪の推力は、非常に早くから、すでに幼少時代から始まっており、それによって彼は自分の家族から、環境から、国から、文化から身を引き剝がしつづけてきた。その推力ゆえに彼は、ものを書くという行為を、幼少時代に似つかわしい対象物というステータスから脱出するために、己の生活の核心部に刻み込むことになったのだ。『言葉』には、次のような文がある。「私の真実、私の名前、私の性格は、大人の手に握られていた。私は彼らの目を通して自分の姿を見るすべを習った。私は子供だった。つまり、大人が自分の心残りによってつくりだす怪物だったのである」。驚くべきサルトル。彼は自分自身を、自分で自分を生みだす途方もない子供として描きだすことによって、自分自身の神経症を自分で説明するのだ。しかもその子供の人生計画は、すでに八歳のときから、ものを書くことと一体化していた。それこそが、彼の家族状況からの唯一の輝かしい脱出口だったのである。「本物の筆で書かれた本物の言葉で、本物の品々を描くのだから、私もまた本物にならないはずがない。要するに私は、そのときからすでに、乗車券の提示を求める車掌にどうやって答えるべきかを、知っていたのだ[1]」。

（1） 参考文献32参照。

家族から、そして社会的決定因から自由になろうとするこの意志は、サルトルの作品系を始めから終わりまで貫いているが、これを私生活の独特の実践と関連づけて考えることは絶対に必要である。身近な者、教え子、友人、愛人からなる、新種の「家族」が、サルトルとボーヴォワールのカップルの側近グループとなっていたという、独特の実践である。この神話的カップルは、早くも一九三〇年から、しかもその後数世代にわたる学生たちにとって、紛れもない生き方のモデルとなった。肉体的にはいささか不釣り合いなこのカップルの姿は、一九二九年から一九八〇年まで、いつでも目についた。彼らは倦むことなく時空を駆け巡った。北京、モスクワ、カイロ、リオデジャネイロ、ビヤンクール……彼らはいつも二人一緒だった。女のほうは、背が高く、すらりとして、どちらかといえば優雅なほうで、ファッションとはほど遠い衣服にしかつめらしく身を包み、ターバンを巻いたりしていた。男のほうは、チビで、ずんぐりして、ときにネクタイをし、大抵はすり切れたカナディアン・コートを着ており、パイプをくわえていた。ゼルダとスコット[1]のフィッツジェラルド夫妻風の物語を私たちに語って聴かせることのできそうなものは、何も、まったく何もなかった。まったく別物だったのである。

（1）スコット・フィッツジェラルド（一八九六～一九四〇年）は、アメリカの「失われた世代」の代表的作家。美貌の妻ゼルダとともに、ヨーロッパで湯水のように金を遣う歓楽生活を繰り広げ「スコット王子とシンデレラ・ゼルダ」と呼ばれた〔訳注〕。

私たちは、壊滅に瀕していた婚姻というものへの代替案を必死に探し求めていた。そして闘いの同志にして愛人という新たなカップルを作りだそうと、不器用な試行錯誤を続けていた。ところがサルトルとボーヴォワールは、図らずも私たちの願いを叶えてくれ、私たちのファンタスムに具体的な姿形を与えてくれ、かくして私たちの英雄となったのである。私たちにとって彼ら二人は、単に愛情面だけでなく政治上も結託しており、長い期間にわたって均衡と誠実さを保ちつづけるという、普通はありえない関係を、全体として見事に実現した——そう見えたのは、私たちが無知だったからだが——伝説のカップルの役回りを演じたのである。そこで私たちは、競って通俗版画の世界を築き上げた。二人の職業生活はどうだったのか？　二人の政治的道程は？　よく似ており、平行して進み、同時的だった。二人とも同時に、学生であり、ついで教授となり、ついで職業的作家となった。日和見的なブルジョワジーから、共産主義へ、ついで毛沢東主義へという歩みも同じであった、という具合に。

こうした代替家族のアルバムのなかで、今なお残っているものは何だろうか。テクストやいくつかの文の切れ端、それにインタビュー。いずれも私たちがそうしたイメージを例証するうえで役に立ったものだ。それは、言ってみれば一つの解説だった。「サルトル、一つ質問したいのですけれど……」と、彼女はそっけなく尋ねるのだった。それに対してサルトルは、より優しく、外見上はより愛情をこめて、カストールという遠慮がちなあだ名で呼んでいた女性の質問に、一生懸命に答えるのだ。しかしもちろん、亀裂はあった。どうして私たちが見逃すことがあろうか。彼女は小説『招かれた女』のなかで、愛人に他の女ができたときの女の嫉妬を物語ることに執着を見せてさえいる。妥協があったことは推察できた。彼は女たちとの関係を、本質的と偶然的の対比で哲学的に語った。束の間の脆い関係を乗り越えて、彼ら二人は、この兄と妹の近親相姦的なカップルを、子供を作らぬ非順応主義的なカップルとして築き上げていた。ヴェールを持ち上げ、内幕に踏み込むよう試みていたなら、何を発見しただろう。最近刊行された書簡を見る限り、実際のところはもっと複雑だったろうが、なんとか忠実さの基本的方向は全体として維持しつづけ、それによって、愛情行動の新たなモデルを案出したのである。それは伝統的西欧家族の危機への回答であり、必ずや再構築された家族の嚆矢となるに違いない。

王と女王のごとく君臨するカップルと、「サルトル・ファミリー」のあいだでは、愛情的・性的・職業的・財政的な交換・交流の組織網が張り巡らされた。ボスト[1]は『出口なし』を映画用に翻案する。オルガ[2]は『汚れた手』に出演する。ドロレス〔一六六頁を参照〕は『レ・タン・モデルヌ』のアメリカ特集号の編集に当たる。『アルトナの幽閉者』のなかでレーニの役を演じるのはワンダ[3]であり、ヨハンナの役を演じるのは、エヴリーヌだ。(4) ミシェル(5)は、ジョン・ヒューストンに頼まれたシナリオの執筆のためにフロイトの伝記をフランス語に訳してくれる。サルトルがブラジルに滞在中、一二一人宣言(6)の裁判に対する書簡を書くのは、ランズマン(7)である。アルレット〔一六五頁を参照〕は、ラッセル法廷の際の文書を執筆する、などなど。これらはいずれも本物の交換・交流であって、「サルトル・ファミリー」のメンバーは、中心的カップルのために「世間のことを運び込む出入り商人」の機能を果たすのである。サルトルとボーヴォワールが、若い世代の現実を知り理解するのは、ボストやオルガや、あるいはまたワンダから教えられてのことなのだ。まさに紛れもない「集団的製造経済」の形態だと言っても良いほどなのである。

(1) ボスト(ジャック＝ローラン・):一九一六〜九〇年、サルトルのル・アーヴルでの教え子。ボーヴォワールの秘密の恋人で、彼女の処女作『招かれた女』のジェルベールのモデル。サルトルの『自由への道』のボリスのモデルとも言われる。のちにオルガ・コサキエヴィッチと結婚〔訳注〕。
(2) オルガ・コサキエヴィッチ:サルトルの恋人。もともとボーヴォワールの教え子で恋人でもあったと言われる。『招かれた女』のグザヴィエールのモデル。『自由への道』のイヴィッチのモデルでもあり、オルガ・ドミニックの名で『蝿』のエレクトル役を演じた。『汚れた手』には出演していない〔訳注〕。
(3) オルガの妹で、サルトルの恋人。カミュとも恋仲だった。マリー＝オリヴィエの名で『汚れた手』のジェシカ、『悪魔と神』のカトリーヌ、『アルトナの幽閉者』のレーニなどを演ずる〔訳注〕。
(4) エヴリーヌ・レイ:ランズマンの妹。五十二歳のサルトルの恋人となる。アルジェリア独立の支持者としての活動は特筆される〔訳注〕。
(5) ボリス・ヴィアンの妻で、離婚後、サルトルの恋人となる。多数の翻訳と映画評論がある〔訳注〕。
(6)「アルジェリア戦争における不服従の権利宣言」。モーリス・ブランショとディオニス・マスコロによって起草され、一二一人の署名を得たところで公表された。署名者はその後も増加している。アルジェリアで拷問などの不法な手段に訴える軍を否認し、不服従の正当性を主張する宣言。それが公表された一九六〇年九月六日の前日五日は、ジャンソン機関裁判の開廷日であった〔訳注〕。

（7）ランズマン（クロード・）：一九二五年生まれ。ユダヤ系。レジスタンスを経て、サルトルと出会い、今日『レ・タン・モデルヌ』の編集長。ボーヴォワールの恋人でもあり、近年は映画制作に乗りだす。映画『ショアー』の作者〔訳注〕。

驚くべきサルトル。彼は、アンドレ・ゴルスの『反逆者』への序文のなかで、人類学者はだしの伝統的西欧家族の描写を、距離を置いた皮肉をこめて行なっている。希に見る力強さを帯びたこの箇所には、こうある。「実際、今でもまだこの地上には、新たに生まれた子が祖先の生まれ変わりだと考えるほど愚かな未開人がいるようである。乳飲み子の頭の上で、大分前に死んだ者の武器や首飾りを振ってみる。それで子供が何らかの動きをすると、一同はどよめいて叫ぶのだ。あの老人が生き返った、と。（……）こうした遅れた原住民は、フィジー諸島や、タヒチや、ニュー・ギニアにおり、ウィーンや、パリや、ローマにも、つまり人間がいるところならどこにでもいる。親という名の人間が。私たちが生まれるよりずっと前から、私たちが母の胎内に宿るよりも前から、家族の者たちは私たちの人格を定義しているのだ。私たちが『私』と言うことができるようになるより前から、人びとは私たちのことを『彼』と言ってきたのである。私たちはまず始めに絶対的な対象物として存在してきたのだ。私たちの家族を通して、社会は私たちに一つの境涯、一つの存在、一まとまりの役割を割り当てていたのである」[1]。

（1）参考文献34、五四〜五五頁〔邦訳四四〜四五頁〕参照。

驚くべきサルトル。彼はリセでの倫理学の講義のなかで嬉々として、伝統的な家族観を、アナーキズム的理論に対比しつつ説明していた。一九四三年に、リセ・コンドルセのクラスで行なわれた彼の実践倫理の講義を、ジャン・バラデュールが筆写した形で見てみよう。「社会はさまざまに異なる。社会に応じて、個人が属する社会集団（家族、職業、階級、祖国）に応じて、課される問題のタイプもさまざまに異なる。家族は、血のつながりがあり、一組の夫婦を中心に集まった個人たちからなる。（……）家族を築かなければならないという義務はあるのだろうか。家族のなかでの義務と権利とは何か。妻の義務とは何か。親と子の関係とは何か。家族を一つの価値、実現すべき社会集団と見なすべきか」。

「ル・プレイ(1)の保守的理論によれば、家族は本源的な社会的構造物である。自然の本性に基づく現象であり、したがってキリスト教徒にとっては神聖な現象である。ル・プレイは、家族を社会の細胞と見なしたド・ボナルド(2)とオーギュスト・コントを継承している。私の家族は究極の現実であり、個人は家族を離れては意味を持たない。家族とは神の創造物であり、本源的価値であり、個人は家族を実現しようとしなければならない。ル・プレイにとって、アナーキーな家族は考えることができない。序列的な構造があるのでなければならず、父親は本源的な権威であり、母親が父親の同等者となることができるのは、権威の面において父親に従うという条件においてのみである。子供たちも、人の姿をした家族そのものである父親と、父親の不在のあいだ父親の代わりとなる母親とに従属する。父親と母親のあいだにも年長者の権利とか、男性の諸権利のように、序列がなくてはならない。それは、個人は取るに足らぬものとする、反革命的観念である。綜合的にして全体主義的な家族観であり、宗教的で保守的である。父親は議論の余地なき権威を有する。国家は家族内のこととは無関係である」。

（1）ル・プレイ（フレデリック・）：一八〇六〜八二年、経済学者、社会学者。その家族類型論は、エマニュエル・トッドの家族人類学にヒントを与えた。伝統的カトリシズムに拠って立つ保守派イデオローグで上院議員にもなった〔訳注〕。
（2）ボナルド（子爵）：一七五四〜一八四〇年。反唯物論、反民主主義、君主制擁護の論客〔訳注〕。

「アナーキー的理論（シュティルナー[1]、ルクリュ[2]、ジィド）――これは、実在というものはすべからく分解可能な総体である、社会とは、諸個人の総体であり、個人間の虚構のつながりである、とするフランス大革命の分析的傾向の帰結である。家族は廃止しなければならない。夫婦の結合と、それから生まれる子供という、二つのことを区別する必要がある。子供は自由を妨げられてはならないのである。契約があるのは結構なことだが、義務はあってはならない。この『結婚』とは、契約でなければならず、個人の意志にのみ依拠するものであって、自由なる結合である。子供は、欲するときにのみ持つのでなければならない。男は、断種を行なう権利を有する。親と子の関係は、子供の自由を伴う（一種の）契約である。子供は養育しなければならない。子供を持つことを欲したのであるから。子供は、尊敬の念や、感謝の念を持つべきものとはされない（シュティルナー、ルクリュ）。ジィドは、家族というものが一つの全体であることをよく承知していた。しかしある瞬間から、家族は有害なものになる。それはあらゆる道徳的個人主義への障害である。しかして道徳というものはすべて個人主義的であるから、家族とは、あらゆる道徳に対する障害なのである。集団（風俗慣習、もしくは家族）によってものを考える者は、不道徳なのである。家族は本質からして保守的なものであり、過去に合わせて永続しようとする傾向があり、個人が変わろうとするのを妨げるのである（……）」。

「結論。家族は歴史的に形成されたものであり、自然的形成物ではない。われわれに本質的なものと見える血の絆は、家族の構成要素として、ひじょうに遅くなってから形成されたものにすぎない(1)」。

（1）シュティルナー（マックス・）：一八〇六〜五六年、ドイツの哲学者。唯一者としての個人を原理とするアナーキーな個人主義を主張〔訳注〕。

（2）ルクリュ（ジャン・ジャック・エリゼ・）：一八三〇〜一九〇五年、フランスの地理学者、アナーキスト。パリ・コミューンに参加したため、国外追放となる〔訳注〕。

（3）ジャン・バラデュールの講義ノート（アニー・コーエン＝ソラル文書集）

この代替文化の構築がどのように繰り広げられたかは、わかっている。この代替文化は、大部分、シモーヌ・ド・ボーヴォワールが次々と発表した回想録によって公開のものとなった。彼女は、理想的な対抗家族の神話のごときものを構築したわけである。しかしサルトルの生涯の終わりに近付くにつれて、それはシモーヌ・ド・ボーヴォワールが描いたものより複雑で、苦しみに満ち、困難で一触即発のものであったことが、明らかになってきた。私の調査の過程で、私はこのサルトルの対抗家族のさまざまのメンバーと出会って、その証言を聴くと、それを最も近しい者に伝えようとしたものである。特権的な証人とのやり取りは、文書を入手して調べるときとはひじょうに異なる、困難で微妙な作業と言うべきなのだ。存命の証人とのあいだで失策を犯すと、たちまち避けがたい行き止まりに突き当たってしまうものなのだから。証人へのアプローチは、微妙な駆け引き、相当な備給、感情移入の動きを必要とするが、同時にまた、批判的精神を保つための大きな自律性を要求する。時には夢のような素晴らしい瞬間もある。たとえばある朝、シモーヌ・ド・ボーヴォワールが電話をかけてきて、「すぐに来て頂戴。あなたのためになるものを見つけたわ」と言った。そしてドアの敷居で、彼女はサルトルが一九三一年にル・アーヴルのリール講堂で行なった講演の原稿を手渡してくれたのである。サルトルの手書き原稿に交じって、斜めに傾いた筆跡の紙片が何枚もあった。それは彼女のすべての日記におけるより、彼女のサルトルとの関係について多くを語っていた。実は彼女は、何時間も何時間も費やして、英語ができないサルトルのために、ドス・パソスとフォークナーを何頁分も翻訳してやったのだった。

アルレット・エルカイムは、哲学専攻の若い女子学生で、サルトルの愛人となり、一九六五年四月に正式にサルトルの養女となった女性だが、私にとって彼女との関係は、濃密で、豊かで、深いものとなった。まるで彼女と私の二人が一緒に探究をしているかのようだった。私がペリグーでサルトルの父ジャン＝

バチストに関する未刊行の資料の入った箱を発見し、ジャン＝バチストについての本格的な研究にのめり込んだとき、自分は『言葉』と衝突する解釈を展開しつつあるのではないか、ということが心配になった。しかしアルレットはこう答えてくれた。「そんなことはないわよ、アニー。ジャン＝バチストのことで、サルトルと反対のことを言うのを恐れることはないわ」と。最も美しい瞬間は、彼女が、サルトルの夢の話という内密な資料を私に読んでくれる決心をした日、あるいはまた、サルトルの音楽の演奏を録音したカセットを聴かせてくれた日のことである。そこには、フローベール論を執筆していた一九六八年五月の頃に、グノーの『ファウスト』のなかのチューレ王の哀歌を歌ったり、ペルゴレージのスタバート・マーテルのオーケストラ原稿を初見で読み取ったり、モーツァルトのフルートとオーケストラのための協奏曲のリダクションでフルートを奏でるアルレットにピアノで伴奏したりするサルトルが収録されていた。

ドロレス・ヴァネッティの悲痛な証言にも触れずにはいられない。絶頂期のサルトルのニューヨークでの愛人で、彼が自分に「アメリカを与えてくれた」女性と言った、あの女性である。アメリカとは、言うまでもなく、彼が幼少期・青年期に探索することを夢見ていた国である。彼女は、サルトルが自分を愛するのを止めたとき、彼が提案した「示談」（金銭、アパルトマン、儀礼化された出会いの維持）を断わり、「王と女王のごとく君臨するカップル」の周りを回る「衛星」となる運命を免れたというが、その回想を聞いたときは、仰天しないではいられなかった。また彼女のアパルトマン、彼女が一九四五年と四六年にサルトルを迎え入れたアパルトマンには、すっかり魅了されたものである。そこには南太平洋の仮面を始めとした貴重な品々のコレクションが飾られていたが、それらはマルセル・デュシャンや、アンドレ・ブルトン、あるいはまた、彼女が近親の一人であったクロード・レヴィ＝ストロースがかつて所有していたものであった。サルトルは世界を女たちの目を通して眺めていたのだ、と思いきって考えることができるのなら、彼が母親のアンヌ＝マリーとのあいだに保っていた溶解的関係を思い出すなら、女たちの美しさに自分が引きつけられることを述べた彼の美しい言葉──女たちの側にいると、その美しさを自分も手に入れられるような気がする──を考えてみるなら、『戦中日記──奇妙な戦争』のなかの、「私はアロンと哲学を語るよりは、女性ともっとつまらぬことを話すほうが好きだ」というユーモアあふれる断言を読み返してみるなら、容易に納得がいくところである。しかし女性たちは、彼の世界探検のなかでもう一つ別の役割を果たしてもいる。アメリカ合衆国についてはドロレス・ヴァネッティ、ソ連邦についてはレナ・ゾニナ、ブラジルについてはクリスチーナ、日本については朝吹登水子、ギリシアについてはエレーヌ・ラシオタキス、といった具合に、「国そのものにほかならない女性」がいたのであり、彼女たちは外国文化への特権的な通路をサルトルに与えてくれたのである。

一九八一年の『別れの儀式』の出版によって、シモーヌ・ド・ボーヴォワールはサルトルの対抗家族の内部抗争の実情を公然と公開した。この対抗家族は、ときとしてある種の人びとにとっては、いまや「再構成された家族」と呼ばれるもののモデルであったりもした。しかし、見ての通り、それもやはりそれ自身の破壊を含み持っていたのである。

エピローグ

サルトルの最も論争的な作品に立ち戻ってみるなら、彼が自分の国の知識人たちとのあいだに持ちつづけた関係がとりわけ難しいものであったということに、おそらく説明をつけることができるだろう。また、私が本書冒頭で触れた問題である、サルトルの受容にフランスと外国で隔たりがあることも説明がつくであろう。とりわけ、『ユダヤ人問題の考察』、「黒いオルフェ」、フランツ・ファノンの『地に呪われた者』やアルベール・メンミの『植民者の肖像』に寄せた序文、『墓場なき死者』、「一二一人宣言」〔これはサルトル自身の作品とは言えない。本書一六〇頁訳注（6）を参照〕、「みなさんは素晴らしい」、「王様を求める蛙たち」といったテクスト、もしくはアルジェリア戦争の期間に書かれた他のジャーナリズム的テクストを参照してみれば、サルトルが取り組んだ歴史的出来事とは、対独協力の問題、植民地支配の問題、拷問の問題、不服従の問題というような、己自身の伝統や後遺症と格闘するフランスの歴史にとくに関連する出来事であったことがわかる。いずれもフランスの集合的記憶に刻まれた悲痛な瞬間であり、フランスはその後もなかなかそれらを乗り越えることができなかった。長いあいだ、解決されぬまま放置され、長いあいだ、拒絶反応によって排除され、長いあいだ、われわれが自分では扱うことが不可能だと考えられていたこれらの問題は、しばしば外国で取り上げられ、数十年も経ってからフランスに回帰してきて、われわれの良心をずきずきと苛むのである。サルトルに対するあのような不信の念は、サルトルが深層に潜んでいるフランスの伝統を取り出して、それを民族の記憶がタブーとしているものに適用したことから来るのではないだろうか。それは許しがたい逆転であり、何度目かの裏切りと映ったことだろう。

「アメリカの個人主義と順応主義」[1]のなかでサルトルは、個人と国家の関係を、アメリカ合衆国とフランスを比較しつつ分析し、次のように述べている。こうした「社会的順応主義と個人主義のあいだのつながりは、フランス人がフランスについて考えるとき、おそらく最も理解しにくいものである。われわれにとって個人主義は、『社会に対する、そしてとくに国家に対する個人の闘い』という昔ながらの古典的な形態を保ってきた。アメリカではそんなことは問題にならない」。このテクストは、サルトルの姿勢（国家に対する市民、制度機構に対する単独の人間、持てる者に対する排除された者、の立場に立つ）がつねに当のフランスで不信の念を掻きたててきたことを理解するための鍵を与えてくれるものである。さらにもう一つ不信の念の原因があるとすれば、それは彼の言説の多くが、フランス自体の伝統にとって外部的な参照体系を輸入し、それを自分のものと主張しているという事実である。アメリカ合衆国からは彼は、「未来」の名において、ジャズ、映画、アメリカ小説といった「モダニズム的」装備を拝借している。ドイツからは、現象学の用具を借り受けている。これによって彼は、フランス思想の諸カテゴリーより硬直の度合いが少ないカテゴリーを用いて、日常的なものを考えることができたのである。

（1）参考文献23、八四頁〔邦訳四四〜四五頁〕参照。

もっぱらフランス・モデルの外から借り受けたこれらの用具によってのみ、彼は自分自身の体系を築き上げ、哲学教授としての経歴を構築することができた。もっとも彼が教職を辞したのは、パテ社〔映画会社〕のシナリオ作家としての道を選び取ったからである。こうして日常的なものから受け継いだモデルを導入することによって、哲学の営みの価値を転倒し、学術的思考と野卑な実例との鬼面人を驚かす交配と往復運動を実現しようとしたのだ。シナリオ作家としての道は失敗に終わるが、その後定着するのは、多機能的で多国籍的な生産体制である。それは、シャンソン、演劇、小説、ジャーナリズムというきわめて民衆的なものから、哲学というきわめて学者的なもののあいだ、アンガジュマンを行なう知識人というフランスの伝統に適ったものから、黒人やユダヤ人――一九四六年と四七年の『ユダヤ人問題の考察』と「黒いオルフェ」――というきわめて外部的なもののあいだを揺れ動いていく。十九世紀の規定に合致した批評――ボードレール、マラルメ、フローベール、祖父シュヴァイツァーから受け継いだ遺産のすべて、ランソンまでもが動員される——と、十八世紀のフランスの伝統と、ヴォルテール、ディドロ流のコスモポリタンな知識人のモデル、こうしたものを併せ持つサルトルは、歴史的な目印を攪乱し、いかなるカテゴリー化も逃れてしまう。

あらゆるものを再検討に付そうとする系統的な態度のゆえに、サルトルはフランスの伝統的なカテゴリーでは分類不可能な人物となった。それは彼が、強固にして永続する諸制度や制度的正統性が依然として優先権を保持する社会のなかで、埒外に追いやられた者としての位置を維持しつづけただけに、尚更である。同様にまた、家族や祖父のシュヴァイツァーに対する彼の暴力的なテクストが、不愉快だと思われているからでもある。流動する人間、生成する集団に対する彼の関心が、人びとを驚かせるからでもある。あるいはまた、静的なものへの彼の嫌悪、絶えざる転換、裏切り、矛盾、気まぐれな熱中が、人を当惑させるからでもある。彼は世に知られたフランス人の不服従の伝統を復活させ、二十世紀のあらゆる枢要な場所に出現しては、そこで神話的人物となったのだが、それだけにいっそう、彼の逸脱は許しがたいのだ。彼は把握のためのあらゆる伝統的カテゴリーを攪拌する。学問のなかには居るが、制度機構の外にいる、つまりコレージュ・ド・フランス(1)より上にいるのだ。最大の正統性を有するが、あらゆる枠をはみだしている。こんな人間を許すことなどできようか。サルトル、またの名を、あらゆる不信の念の的。ランソンへの、ド・ゴールへの、アメリカ合衆国への挑戦、フランスの歴史の最も埋もれたタブーへの対決、これによって彼は、国家とタブーに立ち向かう市民、前哨に立って、つねに探査し、つねに規則を踏みにじる市民となったのである。

（1）大学ともグランド・エコールとも異なる高等教育機関で、自分の講義の年間回数は教授が自由に決めることができ、聴講は自由。各分野の最高の学者（大学人とは限らない）が教授に任命される。「存命者のパンテオン」と称され、レヴィ＝ストロース、ミシェル・フーコー、ロラン・バルトなど、またレイモン・アロンやメルロー＝ポンティも教授に任命され、サルトルにも話があったが、彼は断っている〔訳注〕。

しかし私としては、ニコラ・グリマルディがソクラテスについて示したように、[1] サルトルとは、一つの教養ないし作品系である以前に、一つのモデル、一つの実践であると思う。彼はヴォルテールであり、ユゴーであり、ゾラであるが、同時にまた、その謙虚さと無一物振りからして、ソクラテスでもあるのだ。今や知識人界は粉々になり、知識人の社会・政治批判の職務と、その呪術的力は徐々に消え去りつつある。そうしたなかでサルトルは、一つの時代の最後の者という様相を呈するのである。

（1）参考文献101、参照。

彼は、細分化された知を一つの包括的な知の上に編成することを見事にやってのけた。彼はまた、一人一人の社会の除け者が、転覆的なやり方で権力関係を思考することができるための条件を作りだしもした。さらには――おそらくはこれこそが、サルトルという企て全体の根源的な意味だったのだが――〈他者〉に自分自身の計画を正統化するための手段を与えようと企て、それでいて、知の名において、いかなる権力も、いかなる優越も、いかなる序列も要求することはなかったのである。彼の真の姿はそれゆえ、独りサルトルという人物のなか、サルトルのテクストのなかにのみ探し求めるべきものではなく、彼の探究の長い連鎖のなかに求めるべきものなのだ。マラルメの探究にも似た探究、つまり、要求水準が高いが、しかし同じように完成に至らず、目標に達せず、読者に開かれたままの探究である。怪しからぬサルトル、分類不可能で、許しがたいサルトル。ある者にとっては、その恒常的な転覆作業のゆえに実に迷惑で邪魔な存在だが、他の者にとっては、実にためになる有難い存在であり、かつてない倫理的な羅針盤なのである。

略年譜

一九〇五年　六月二十一日、パリに生まれる。父ジャン＝バチスト・サルトルは、理工科学校出身の海軍士官、母アンヌ＝マリー・シュヴァイツァーは、教授資格を有するドイツ語教授、シャルル・シュヴァイツァーの娘。

一九〇六年　九月二十一日、父ジャン＝バチスト・サルトルの死、ティヴィエ（ドルドーニュ県）にて。

一九一五年　リセ・アンリ四世に入学。

一九一六年　ポール・ニザンと出会う。

一九一七年　母、ジョゼフ・マンシーと再婚。ラ・ロシェルの男子リセに転学。

一九二〇年　リセ・アンリ四世に、寄宿生として復学。

一九二二〜二四年　リセ・ルイ大王の、高等師範学校受験準備級にて勉学。

一九二四年　高等師範学校入学。同期生にポール・ニザンとレイモン・アロン。

一九二四〜二八年　高等師範学校時代。『ある敗北』、『アルメニア人エル』を書く。

一九二八年　哲学の教授資格試験に失敗。

一九二九年　シモーヌ・ド・ボーヴォワール（カストール）と出会う。教授資格試験に主席で合格。

シモーヌ・ド・ボーヴォワールは二等。
一九二九〜三一年　気象担当二等兵〔兵役〕。
一九三一年　ル・アーヴルのリセ・フランソワ一世の哲学教授。
一九三三〜三四年　ベルリンのフランス学院の寄宿研究生。現象学とフッサールを発見。
一九三八年　『嘔吐』刊行。
一九三九年　『壁』および『情緒論素描』刊行。
一九四〇年　ドイツの捕虜収容所。『想像界』刊行。
一九四一年　捕虜収容所から釈放。レジスタンス・グループ「社会主義と自由」創設。
一九四三年　『蠅』初演。『存在と無』刊行。カミュと出会う。
一九四四年　『出口なし』初演。『コンバ』紙にパリ解放のルポルタージュを連載。
一九四五年　『分別ざかり』、『猶予』（『自由への道』一、二巻）刊行。ジャーナリストとして最初のアメリカ旅行。
同年十月　『レ・タン・モデルヌ』創刊。
一九四六年　カミュとの最初の仲違い。『実存主義とは何か』、『墓場なき死者』、『ユダヤ人問題の考察』刊行。

一九四八年　革命的民主連合に加わる。『汚れた手』刊行。
一九四九年　『魂の中の死』（『自由への道』三巻）。
一九五一年　『悪魔と神』
一九五二年　政治活動強まる。フランス共産党の同伴者。『聖ジュネ、役者にして殉教者』刊行。
一九五三年　『キーン』初演。『アンリ・マルタン事件』刊行。
一九五五年　『ネクラソフ』初演。シモーヌ・ド・ボーヴォワールと中国旅行。
一九五六年　ソ連のハンガリー侵入を糾弾。
一九五七年　アルジェリアでの拷問に抗議。
一九五九年　『アルトナの幽閉者』初演。
一九六〇年　キューバ、ユーゴスラヴィア、ブラジル旅行。フィデル・カストロ、チェ・ゲバラ、チトーと会見。「一二一人宣言」に署名。「ジャンソン機関」裁判で証言。
一九六一年　フランツ・ファノン『地に呪われた者』に序文を寄せる。
一九六三年　『言葉』刊行。
一九六四年　ノーベル文学賞を拒絶。
一九六六年　ヴェトナムでのアメリカの戦争犯罪を裁く「ラッセル法廷」に加わる。

一九六七年　エジプト、イスラエル旅行。『レ・タン・モデルヌ』のイスラエル・アラブ紛争特集号に序文。
一九六八年　学生運動を支持。フローベール論執筆開始。ワルシャワ条約軍のチェコスロヴァキア侵入を糾弾。
一九七〇年　『人民の大義』編集長。ビヤンクールのルノー工場の労働者に訴える。
一九七一年　通信社「リベラシオン」創設。『家の馬鹿息子』一、二巻刊行。
一九七三年　新聞『リベラシオン』創刊。
一九七四年　『反逆は正しい』（P・ガヴィ、ピエール・ヴィクトールとの共著）刊行。シュトゥットガルトに拘留中のアンドレアス・バーダーを訪ねる。
一九七五年　アンテヌ2〔テレビ〕での歴史番組の計画の放棄。テレビ局指導部との不一致のため。
一九七六年　映画『サルトル自身を語る』（アレクサンドル・アストリュック、ミシェル・コンタ）上映。
一九七九年　レイモン・アロンとともに、「ヴェトナムへの船」委員会を支持して、エリゼ宮に陳情。
一九八〇年　四月十五日、ブルーセ病院にて他界。五万人が埋葬に付き従う。

訳者あとがき

本書は、Annie Cohen-Solal, *Jean-Paul Sartre*, (Coll. « Que sais-je? » n°3732, P.U.F., Paris, 2005) の全訳である。著者アニー・コーエン＝ソラルは、サルトルの伝記の最高傑作と目されている『伝記サルトル』(*Sartre, 1905-1980*, Gallimard, 1985) の著者である。サルトル死後五年目に刊行されたこの伝記は、七〇〇頁を越える大冊であり、世界の一五カ国語に翻訳され、日本でも刊行準備中であるが、たとえばサルトルの親族やリセでの教え子など、関係者の証言や行政文書の徹底的な渉猟・拾集によって、新たに発見された多数の事実をふんだんに盛り込み、それまでになかった新たな角度からの分析をいくつも試みている。

この本の成功によってコーエン＝ソラルは、広範な読者に支持されるサルトル研究の第一人者となり、その後、プレイヤード版のアルバム『サルトル』の編集担当なども行なってきたが、サルトル生誕一〇〇周年の昨年、このクセジュ叢書『サルトル』とともに、ガリマールより『サルトル、二十一世紀への思想家』(*Sartre, un penseur pour le XXIe siècle*) も上梓、サルトルの誕生日に当たる六月二十一日の『ル・モンド』にも、サルトル研究者を代表する形で一文を寄せている。

また彼女は、その調査活動を通して収集した未発表の貴重な資料を多数擁する個人的なアーカイブを作り上げているが、今回の文庫クセジュ『サルトル』にも、それらの資料がふんだんに利用されている。たとえば、リセでのサルトルの講義を生徒がノートにとった講義録、アメリカのイェール大学でのサルトルのスピーチ、一九七五年にマルセル・ジュリアンが企画したテレビ番組『二十世紀とサルトル』の台本、占領下での大学区監督官による教授サルトルに関する講評、ル・アーヴルのリール講堂での講演、サルトルの父方の叔母レンヌ夫人より譲り受けた親族の書簡集、等々である。こうした点が、本書の魅力の一つであり、今後さらに他の資料が公開されることが期待される。

コーエン＝ソラルについては、この間に在アメリカ大使館文化参事官を務め、現在は、カーン大学教授、パリの社会科学高等学院でゼミナールを持っている。実は私は、一九九九年に一度お会いしたことがある。フォーブール・サン・ジェルマンの感じの良いレストランでご馳走になったものだが、まさに才気煥発、せわしないくらいに躍動する精神の持ち主とお見受けした。昨年（二〇〇五年）秋、サルトル生誕一〇〇年の記念行事として、青山学院大学で国際シンポジウムを行なったが、そのメイン・ゲストとして彼女をご招待した。当初ご快諾いただいたが、その後ご都合が悪くなり、結局欠席されたのは、まことに残念であったが、この国際シンポジウムのフランス語タイトルは、彼女の最近作から拝借して、「Sartre, un penseur pour le XXIe siècle」としたことだけ、紹介しておこう。

サルトルという人間の最大の特徴の一つは、その凄まじいまでの変化・変貌の能力であろう。恒常的な自己批判、自己の再検討、そして自己否定と新たな自己への転換、これはサルトルが記述した「対自」と名付けられる人間の実存のあり方そのものであるが、当のサルトル本人の人格の実存そのものにほかならない。そこからたとえば「良いサルトル」と「悪いサルトル」の弁別といった「二つのサルトル」論が出てくる。昨年邦訳されて話題を呼んだ、ベルナール＝アンリ・レヴィの『サルトルの世紀』は、その典型である。ただし厳密には、彼は「三つのサルトル」を区別している。

また、サルトルが哲学と文学、さらに小説、演劇、映画、ジャーナリズムなど、あらゆるジャンルにまたがって活躍したことが、サルトルの主要な特徴をなすとする考えも有力であり、ピエール・ブルデューやアンナ・ボスケッティは、そこにこそ彼の覇権の根拠を見るが、そこからさらに発展して、近年はサルトルのテクスト的な多様性が大きくクローズアップされている気配がある。それはたとえば、『嘔吐』や『戦中日記――奇妙な戦争』といった、一つの作品のなかに繰り広げられる多様性でもある。要するに、変化と多様性、さらには矛盾・対立こそが、サルトルの本質ということになる。

これに対して、コーエン＝ソラルは、そうした変貌や矛盾・対立、多様性も含めたサルトルの全体像、サルトルという企ての全体――と彼女は言うが――を、一個の複合的有機体として把握しようとする。

変化や矛盾そのものを内的特徴とする一個の実存の作動の法則、その企ての意味を捉えようというのである。

彼女の分析が、これまで見落とされていた一貫性を跡付けることに力を注ぐことになるのは、そこからして当然であろう。たとえば彼女は、六八年以降の学生たちへの共感と大学教育制度への批判の淵源を、リセの教授としての教育実践にまで遡り、彼の教師としての実践を貫いたモットーである「ものを学ぶための唯一の方法は、疑義を差し挟むことである」という考えにたどり着く。そしてさらに遡って、彼が祖父から受けた教育が、従来のフランスの教育伝統と断絶した、リベラル・プロテスタントの教育運動の一環をなすものであることを突き止める。「未来への信頼、子供の自由意志への信頼、理性、歴史、自然への信頼」に基づくこの教育観が、サルトルの方法論的信念の淵源をなしているのであり、さらにそれは、不断の相互批判を前提とする「知」の生成についての考え方や、知識人論にまでつながっていく。

この過程で彼女は、一つの傍証として、サルトルと二時間語りあった個人的経験を披露するが、「その知の名において、いかなる権力も、優越性も、序列性も要求することのない人」であるサルトルとの一種の協同作業、二人で築く協同構築作業の描写は、まことに印象的である。それはサルトルの教育者としてのあり方を確証する一方で、のちにベニィ・レヴィと行なうことになる協同思考の試みなどのあり様を想像させてくれる。学生による授業評価なども含む、現代の大学での授業のあり方を考えるうえでも、示唆に富んだ分析なのである。

彼女が本書で突き止めて見せるこのような隠れた連関、一貫性は枚挙に暇がないが、もう一つだけ挙げるとするなら、やはりサルトルの父方家系への注目から浮かび上がるそれであろう。父方家系への注目は、彼女の主著『伝記サルトル』における最大の新機軸の一つであった。周知の通りサルトルは、自伝と見なされる『言葉』において、幼少年期の自分が育てられた、母方の祖父シャルル・シュヴァイツァーの家庭を詳述したが、それは己を父なくして処女懐胎で生まれた子供に仕立てようとする、一種の象徴的父殺しにほかならなかった。コーエン＝ソラルは、このようにサルトル自身によって隠蔽された父方の家系にまつわる厖大な情報を、周到な現地調査によって発掘したわけだが、その家系の地理的圏域は、フランス南西部の内陸部、リムーザンの小都市ティヴィエを中心とする地域である。ある意味で最もフランス的な、少なくとも農村的フランスの典型と言えるこの地域の気質は、父ジャン＝バチストの兄ジョゼフに代表される。その愚昧と退嬰と吝嗇は、遺産相続に当たってサルトルの母アンヌ＝マリーをさぞかしうんざりさせたことであろう。

サルトルの母方家系の圏域はアルザスであるが、なかばドイツと言うべき、フランスで最も進んだ地域たるアルザスと、退嬰的で不潔なリムーザンの対比は、『戦中日記――奇妙な戦争』のなかで、アルザスの「ドイツっぽ」とリムーザンの「土百姓」の反目として印象的に語られている。ここからコーエン＝ソラルは、サルトルにとって嫌悪すべきフランスの核としての南西部フランス、という結論を抽出する。『嘔吐』の舞台ブーヴィルは、これを執筆中にサルトルがリセの教授として住んでいたル・アーヴルがモデルだ、というのは定説であるが、彼女はこの「下種野郎ども」の町のもう一つのモデルとしてティヴィエを指名する。最大の「下種野郎」とは、ジョゼフ伯父にほかならない。だとすると、サルトルのモーリヤックに対する攻撃的な敵意と侮蔑も、南西部に対する嫌悪の顕現ということになろう。ちなみに本書の冒頭は、外国におけるサルトルへの評価の高さとフランスにおける低さを対照しているが、サルトル記念行事でティヴィエを訪れた際に彼女自身が体験した住民たちの冷ややかな態度（あんな与太者に敬意を表することなどない?!）は、衝撃的でさえある。

サルトルはフランスの大学制度の最大の成果であり、最高の相続者であるというのは、ブルデューが断言して以来、常識となっているが、コーエン＝ソラルは、「最高の相続者」であると同時に「体制転覆的な相続者」であると言う。あらゆる権威に対する不遜な反逆者であり、既存のフランス哲学界ないし講壇哲学に飽き足らず、当代のフランス文学にも飽き足りない。実際サルトルは、哲学ではドイツ、文学ではアメリカという「他所」の力を借りて、フランスの哲学と文学の正統性を反逆的に相続するのである。確かにブルデューとボスケッティは、サルトルの覇権と人気を説明するために、「正統な相続者」の側面を強調することにいささか偏っていたかもしれない。

正統性を持ちながら、それを真面目に受け取ることなく、それをつねに超出しようとしたサルトル、フランスのあらゆる研究教育制度・機関を凌駕した、「コレージュ・ド・フランスより上にいる」サルトルの姿は、高等師範学校での配属将校への反逆や、校長のランソンへの反論、さらにル・アーヴルのリセの卒業式での、映画を礼賛する演説、等々の、彼女が発掘した青年期の数々のエピソードにすでに十全に現われているのである。

そのような反逆性、市民としての身分さえ拒否する徹底的なアナーキズム――青年サルトルの、ベルリンでのナチス勃興に対する鈍感さや、人民戦線への冷ややかさも、これで説明できる――の淵源としては、母の再婚相手のマンシーという理工科学校出身の実業家が、敏感な少年の屈折した家庭環境のなかで、フランス・ブルジョワジーを圧倒的に体現していた、という事実に求められるのが、最大の定説と言えるが、コーエン＝ソラルのティヴィエ説も、まことに啓発的な仮説であり、多様な要因が絡み合った重層的な決定作用の核心部を剔出していると言えよう。

もう一つ、本書におけるコーエン＝ソラルのアプローチで特筆すべきことは、文字で書かれた「作品」、つまりテクストだけでなく、サルトルのさまざまな活動――政治的活動だけでなく――と日常生活、つまりはプラチックも、このサルトルの「全体」の有機的構成要素と捉えようとする姿勢である。これについて彼女は、「日常生活の対抗文化」という言い方をするが、これの最も分かり易いイメージを具体例として挙げるなら、それは「家族」であろう。つまりサルトルは、制度的・血縁的な家族を拒否して、ボーヴォワールという伴侶との「夫婦関係」を軸に、女たちや教え子や信奉者からなる「身内」の集まりとしての「家族」を形成した。それは従来の家族制度・家族文化に対抗する代替文化における家族、すなわち対抗家族のモデルなのである。彼女としては、ここに未来の家族像の先駆を見ようとしているようである。

本書は冒頭で、『伝記サルトル』執筆の動機、そのための調査の過程、さらに刊行後の世界各国での反響などを語っており、また全編にわたって、調査・執筆の過程での実体験が随所に盛り込まれている。先に挙げたサルトルとの「協同作業」もその一つであるが、巻末近くの、ボーヴォワールやアルレットなど、サルトルをめぐる女性たちとの接触・交流の描写も、心を打つ。ことほど左様に、本書は『伝記サルトル』の「あとがき」としての側面も持っているのである。

『伝記サルトル』は、フランス語原書で七〇〇頁を越える大部だが、本書は版も小さく一〇〇頁をわずかに越えるばかりの小冊である。いきおい本書は、多くの事項を既知のものと前提せざるをえない。望むらくは、『伝記サルトル』を基本的参考文献として随時参照しながら、というのが、理想的な読み方であるのだろうが……。訳者としては、その辺りを補うために、訳注はやや煩雑なぐらいに付けてみた。人物名などについては、自分のゼミの学生を念頭に、というのが基本的なスタンスだが、しかし大真面目にその基準に従おうとしたら、メルロー゠ポンティやレイモン・アロンなどにも付けなくてはならなくなってしまうため、ゼミ生諸君をかなりの物知りと想定せざるをえなくなる。ともかく、とくにサルトルについて詳しくない人でも、これを読むだけでも何とか理解はできる、という辺りを目指して精一杯努力したつもりである。

コーエン＝ソラルは、超売れっ子で、とくにサルトル生誕一〇〇周年を控えた本書の執筆期間は、多忙をきわめていたと思われる。そのために本書も充分な推敲を経たとは、どうやら言いがたく、文意が取りにくい錯綜した文や、明らかな誤りさえもなしとしない。引用の頁の指示も、時に不正確で、同じ本でも、断わりもなしに違う版を用いたりする例もある。本来ならば、これらの点について当人に問い合わせるべきところであるが、彼女の超多忙を考えると、果たすことができなかったことについては、読者諸賢のご寛恕をお願いする次第である。なお本文中の括弧については、原著者のものはすべて（ ）に統一し、訳者が加えるものはすべて〔 〕で示してある。また原書中、イタリックのものは傍点、大文字のものは〈 〉内にて示すことを原則とした。

昨二〇〇五年は、サルトル生誕一〇〇周年に当たり、フランスを初め、世界中でサルトルを主題とするさまざまの催しが行なわれ、サルトル関係の書籍が多数刊行された。日本でも十月から十一月にかけて、青山学院大学での国際シンポジウムと、日仏会館と東京日仏学院でのサルトル関係の映画上映会が行なわれ、岩波新書『サルトル』（海老坂武）を初め、ベルナール＝アンリ・レヴィの『サルトルの世紀』の邦訳（拙訳）、雑誌『環』の別冊『サルトル　一九〇五―八〇』（いずれも藤原書店）など、多数の刊行物が相次いだ。単に記念事業効果としてではなく、アメリカ型のウルトラ・リベラリズムの世界制覇が行き詰まりを見せる一方、国際的にはテロリズムの伸張があり、日本国内では社会的統合の機制の崩壊によって個人的実存が生皮を剝ぎ取られて剝き出しになっている、こうした事態を考えるうえで、サルトルの思考が現代的な示唆の源泉として見直されている気配があるのではなかろうか。

私としては、コーエン＝ソラルの『伝記サルトル』とともに、本書も同時期に刊行、という「野心」を抱いていたものだが、結果的に白水社の文庫クセジュ九〇〇点記念の刊行ということになって、おおいに満足している。ご尽力頂いた白水社取締役の及川直志氏と、緻密な編集作業で本書を仕上げて頂いた文庫クセジュ編集部の中川すみ氏に、この場を借りて厚く御礼申し上げる次第である。

二〇〇六年四月

石崎晴己

参考文献

本書の註における参考文献番号は以下の番号に対応している.

なお，この文献一覧は，原書巻末のbibliographieを踏襲し，そのままの順番で番号をふったものであるが，原書のbibliographieに含まれていないが，本文中の原註に登場する本も，VIその他，としてここに示す．その順序は，原書中の登場順である.

また，邦訳については，サルトルの作品の邦訳はほとんど人文書院の刊行であるため，それ以外の出版社の場合のみ，出版社名を示す.

人文書院はこのところサルトルの作品について，新装版を出しているが，新装版がある場合は，基本的にそれを示す．原注での邦訳の頁についても新装版による.

未邦訳のものについては，〔　〕内に，タイトルの訳を示す.

なお，原注における引用頁の指示が誤りと思われるときは，原則として原著者の指示した頁の後ろに〔　〕内で正しいと思われる頁を示した.

I サルトルの作品

1. *L'Imagination*, PUF, 1936.〔「想像力」平井啓之訳，『哲学論文集』（1957年）所収〕.
2. *La transcendance de l'ego*, Vrin, 1937.〔「自我の超越」竹内芳郎訳，『自我の超越・情緒論素描』（2000年）所収〕.
3. *La Nausée*, Gallimard, 1938.〔『嘔吐』白井浩司訳（1994年)〕.
4. *Le Mur*, Gallimard, 1939.〔『壁』伊吹武彦他訳（1950年)〕.
5. *Esquisse d'une théorie des émotions*, Hermann, 1939.〔「情緒論素描」竹内芳郎訳，『自我の超越・情緒論素描』（2000年）所収〕.
6. *L'Imaginaire. Psychologie phénoménologique de l'imagination*, Gallimard, 1940.〔『想像力の問題』平井啓之訳（1955年)〕.
7. *L'Être et le Néant. Essai d'ontologie phénoménologique*, Gallimard, 1943.〔『存在と無』上・下，松浪信三郎訳（1999年)〕.
8. *Les Mouches*, Gallimard, 1943.〔「蝿」加藤道夫訳，『恭しき娼婦』1952年所収〕.
9. *Huis clos*, Gallimard, 1944.〔「出口なし」伊吹武彦訳，『恭しき娼婦』（1952年）所収〕.
10. *L'Age de raison (Les Chemins de la liberté, I)*, Gallimard, 1945.〔『自由への道　第一部　分別ざかり』佐藤朔／白井浩司訳（1950年)〕.
11. *Le Sursis (Les Chemins de la liberté, II)*, Gallimard, 1945.〔『自由への道　第一部　猶予』佐藤朔／白井浩司訳（1951年)〕.
12. *L'Existentialisme est un humanisme*, Nagel, 1946.〔『実存主義とは何か』

伊吹武彦訳（1996年）〕.
13. *Mort sans sépulture*, Gallimard, 1946.〔「墓場なき死者」鈴木力衛訳，『汚れた手』（1952年）所収〕.
14. *La Putain respectueuse*, Gallimard, 1946.〔「恭しき娼婦」芥川比呂志訳，『恭しき娼婦』（1952年）所収〕.
15. *Réflexion sur la question juive*, Gallimard, 1946.〔『ユダヤ人』安藤信也訳、岩波新書（1956年）〕.
16. *Baudelaire*, Gallimard, 1947.〔『ボードレール』佐藤朔他訳（1956年）〕.
17. *Situations I*, Gallimard, 1947.〔『シチュアシオンI』佐藤朔他訳（1965年）〕.
18. *Les Jeux sont faits*, Nagel, 1947.〔『賭はなされた』福永武彦訳（1957年）〕.
19. *Les Mains sales*, Gallimard, 1948.〔『汚れた手』白井浩司訳（1952年）〕.
20. *L'Engrenage*, Nagel, 1948.〔「歯車」中村真一郎訳，『賭はなされた』（1957年）所収〕.
21. *Situations II*, Gallimard, 1948.〔『シチュアシオンII』加藤周一／白井健三郎訳（1964年）〕.
22. *La Mort dans l'âme (Les Chemins de la liberté, III)*, Gallimard, 1949.〔『自由への道　第一部　魂の中の死』佐藤朔／白井浩司訳（1952年）〕.
23. *Situations III*, Gallimard, 1949.〔『シチュアシオンIII』佐藤朔他訳（1965年）〕.
24. *Entretiens sur la politique*, avec la collaboration de Gérard Rosenthal et de David Rousset, Gallimard, 1949.〔政治鼎談〕.
25. *Le Diable et le Bon Dieu*, Gallimard, 1951.〔『悪魔と神』生島遼一訳（1952年）〕.
26. *Saint Genet, comédien et martyr*, Gallimard, 1952.〔『聖ジュネ』上・下，白井浩司／平井啓之訳，新潮文庫（1971年）〕.
27. *L'Affaire Henri Martin*, Gallimard, 1953.〔『反戦の原理』平井啓之／田中仁彦訳，弘文堂（1966年）〕.
28. *Kean*, Gallimard, 1954.〔『狂気と天才』鈴木力衛訳（1956年）〕.
29. *Nekrassov*, Gallimard, 1955.〔『ネクラソフ』淡徳三郎訳（1956年）〕.
30. *Les Séquestrés d'Altona*, Gallimard, 1955.〔『アルトナの幽閉者』永戸多喜雄訳（1961年）〕.
31. *Critique de la raison dialectique, précédé de Question de méthode*, Gallimard, 1960.〔『方法の問題』平井啓之訳，（1962年）『弁証法的理性批判』竹内芳郎／矢内原伊作／平井啓之／森本和夫／足立和浩訳（1962，1965，1973年）〕.
32. *Les Mots*, Gallimard, 1963.〔『言葉』澤田直訳（2005年）〕.
33. *Qu'est-ce que la littérature?*, Gallimard, 1964（当初は*Situations II*に所収）.〔『文学とは何か』加藤周一／白井健三郎／海老坂武訳（1998年）〕.
34. *Situations IV*, Gallimard, 1964.〔『シチュアシオンIV』佐藤朔他訳（1964年）〕.
35. *Situations V*, Gallimard, 1964.〔『シチュアシオンV』白井健三郎他訳（1965年）〕.
36. *Situations VI*, Gallimard, 1964.〔『シチュアシオンVI』白井健三郎他訳（1966年）〕.
37. *Les Troyennes*, Gallimard, 1965.〔『トロイアの女たち』芥川比呂志訳

（1966年）〕.
38. *Situations VII*, Gallimard, 1965.〔『シチュアシオンⅦ』白井浩司他訳（1966年）〕.
39. *L'Idiot de la famille*, I, Gallimard, 1971.〔『家の馬鹿息子Ⅰ・Ⅱ』平井啓之／鈴木道彦／海老坂武／蓮實重彦訳（1982, 1989年）〕.
40. *Plaidoyer pour les intellectuels*, Gallimard, 1972.〔『知識人の擁護』佐藤朔／岩崎力／松浪信三郎／平岡篤頼／古屋健三訳（1967年）〕.
41. Situations VIII, Gallimard, 1972.〔『シチュアシオンⅧ』鈴木道彦他訳（1974年）〕.
42. Situations IX, Gallimard, 1972.〔『シチュアシオンⅨ』鈴木道彦他訳（1974年）〕.
43. L'Idiot de la famille, II, Gallimard, 1972.〔家の馬鹿息子〕.
44. *Un théâtre de situations*, Gallimard, 1973.〔状況の演劇〕.
45. *On a raison de se révolter*, avec Philippe Gavi et Pierre Victor, Gallimard, 1974.〔『反逆は正しいⅠ・Ⅱ』鈴木道彦／海老坂武／山本顕一訳（1975年）〕.
46. *Situations X*, Gallimard, 1976.〔『シチュアシオンⅩ』鈴木道彦他訳（1977年）〕.

Ⅱ サルトルの作品（没後刊行）

47. *Œuvres romanesques,* édition établie par Michel Contat, Michel Rybalka, avec la collaboration de Geneviève Idt et George H. Bauer, Gallimard, « Bibliothèque de la Pléiade », 1981.〔サルトル小説集, プレイヤード叢書〕.
48. *Carnets de la drôle de guerre (septembre 1939 - mars 1940)*, Gallimard, 1983.〔ただし本書中の引用は，1990年の増補版によっている．邦訳は1983年版による．『戦中日記――奇妙な戦争』海老坂武／石崎晴己／西永良成訳（1985年）〕.
49. *Cahiers pour une morale*, Gallimard, 1983.〔倫理学ノート〕.
50. *Lettres au Castor et à quelques autres*, t. I et II, Gallimard, 1983.〔『サルトル書簡集1 女たちへの手紙』朝吹三吉／二宮フサ／海老坂武訳，（1985年）『サルトル書簡集Ⅱ ボーヴォワールへの手紙』二宮フサ／海老坂武／西永良成訳（1988年），原書Ⅱ巻は未邦訳〕.
51. *Le Scénario Freud*, préface de J.-B. Pontalis, Gallimard, 1984.〔『フロイト＜シナリオ＞』西永良成訳（1987年）〕.
52. *Critique de la raison dialectique*, t, II, Gallimard, 1985.〔弁証法的理性批判〕.
53. *Mallarmé, la lucidité et sa face d'ombre*, Gallimard,1986.〔『マラルメ論』渡辺守章訳，ちくま学芸文庫（1999年）〕.
54. *Vérité et existence*, édition d'Arlette Elkaïm-Sartre, Gallimard, 1986.〔『真理と実存』澤田直訳（2000年）〕.
55. *Ecrits de jeunesse*, édition de Michel Contat et de Michel Rybalka avec la collaboration de Michel Sicard, Gallimard, 1990.〔青少年期の著作〕.
56. *La Reine Albemarle ou le dernier touriste. Fragments*, édition d'Arlette Elkaïm-Sartre, Gallimard, 1991.〔アルブマルル女王〕.

57. *Théâtre complet*, sous la direction de Michel Contat, Gallimard,« Bibliothèque de la Pléiade », 2005.〔戯曲集，プレイヤード叢書〕.

Ⅲ サルトル研究の現況

1979年の夏に，スリジィ・ラ・サルでの「サルトル」シンポジウムに引き続いて，ジュヌヴィエーヴ・イット，ミシェル・コンタ，ミシェル・リバルカのイニシアチヴで，「サルトル研究会」Groupe d'études sartriennes が生まれた．そのときより毎年，6月21日のサルトルの誕生日の前後に，同会はソルボンヌにて2日間の研究会を行なっている。多数の外国の研究者が討論に加わり，また，その際に刊行される「サルトル年誌」L'Année sartrienne は，フランスおよび世界におけるサルトル関係のすべての著作等の調査結果を公表している．世界には多数のサルトル学会（米国，英国，ベルギー，ブラジル，イタリア，日本，ドイツ，等々）が設立されており，これによって，サルトル研究者は定期的に研究を発表し，意見交換を行なうことができる．サルトルに関するインターネット・サイトも多数存在するが，そのうち最も重要な www.jpsartre.org は，世界中のサルトル関係の刊行物と催しの調査結果を公表している。

Ⅳ 書誌

58. Michel Contat et Michel Rybalka, *Les Ecrits de Sartre*, Gallimard, 1970.〔サルトルの著作〕.
59. Bibliographie, Sartre. CNRS Éditions, 1980 -1992.
60. Bibliographie, Sartre. Philosophy Documentation Center, Bowling Green State University, 1993（これ以降は，毎年「サルトル年誌」*L'Année sartrienne* が掲載している）.
61. François H. Lapointe, *Jean-Paul Sartre and his Critics. An International Bibliography, 1938 - 1975*, Philosophy Documentation Center, Bowling Green State University, 1975.
62. Robert Wilcocks, *Jean-Paul Sartre. A Bibliography of International Criticism*, University of Alberta Press, 1975.

Ⅴ 伝記および研究

63. Annie Cohen-Solal, *Sartre, 1905 -1980*. Gallimard, 1985 : « Folio », 1999.
64. Annie Cohen-Solal, *Sartre*, Gallimard, « Album Pléiade », 1991.
65. Annie Cohen-Solal, *Sartre, un penseur pour le XXIe siècle*, Gallimard, « Découvertes », 2005.
66. Michel Contat, *Passion Sartre : l'invention de la liberté*, Textuel, 2005.
67. Vincent de Coorebyter, *Sartre face à la phénoménologie*, Bruxelles, Ousia, 2000.〔サルトルと現象学〕.
68. François George, *Deux études sur Sartre*, C. Bourgeois, 1976.〔二つのサルトル論〕.

69. Francis Jeanson, *Un quidam nommé Sartre*, Le Seuil, 1966.〔サルトルという名の男〕.

70. Francis Jeanson, *Sartre par lui-même*, Le Seuil, 1955.〔『サルトル』伊吹武彦訳，永遠の作家叢書，人文書院（1955年）〕.

71. Benny Lévy, *Le Nom de l'homme. Dialogue avec Sartre*, Verdier, 1984.〔サルトルとの対話〕.

72. Bernard-Henri Lévy, *Le siècle de Sartre*, Grasset, 2000 ; LGF, 2002.〔『サルトルの世紀』石崎晴己監訳，澤田直／三宅京子／黒川学訳，藤原書店（2005年）〕.

73. Jean-François Louette, *Jean-Paul Sartre*, Hachette, 1993.

74. Henri Peyre, *Jean-Paul Sartre*, New York, Columbia University Press, 1968.

75. Gilles Philippe et François Noudelmann , *Dictionnaire Sartre*, Honoré Champion, 2004.〔サルトル事典〕.

76. Alain Renaud, *Sartre, le dernier philosophe*, Grasset, 1993.〔『サルトル，最後の哲学者』水野浩二訳，法政大学出版局（1995年）〕.

77. *Sartre*, sous la dir. de Mauricette Berne, catalogue de l'exposition « Sartre» présentée à la Bibliothèque nationale de France (8 mars - 31 août 2005), Gallimard, 2005.〔サルトル展覧会のカタログ〕.

78. Liliane Sendyk-Siegel, *Sartre. Images d'une vie*, Gallimard, 1978.

79. Michel Sicard, *Sartre et les arts*, Obliques, 1981.〔サルトルと芸術，ただし編中の「芸術を考える」は，石崎晴己／東松秀雄訳，『いま，サルトル』思潮社，（1991年）所収〕.

80. Juliette Simon *Jean-Paul Sartre : un demi-siècle de liberté*, Bruxelles, De Boeck Université, 1998.〔サルトル，自由の半世紀〕.

81. Pierre Verstraeten, *Violence et éthique*, Gallimard, 1972.〔暴力と倫理〕.

Ⅵ その他（本文原注に登場するもの）

82. Simone de Beauvoir, *La Cérémonie des adieux*, Gallimard, 1981.〔ただし筆者は，ときに，« Folio » 2003 版を用いて引用している．そこで前者をA, 後者をBとして示した．『別れの儀式』朝吹三吉／二宮フサ／海老坂武訳，人文書院（1983年）〕.

83. E. J. Weber, *La fin des terroirs : la modernisation de la France rurale : 1870 -1914*, Fayard, 1983, p.34.〔農村フランスの近代化〕.

84. D. Lindenberg et P.-A. Meyer, *Lucien Herr, le socialisme et son destin*, Calmann-Lévy, 1977.〔リュシヤン・エール，社会主義とその運命〕.

85. C. Digeon, *La crise allemande de la pensée française (1870 - 1914)*, PUF, 1959.〔フランス思想のドイツ危機〕.

86. Jean-François Sirinelli, *Khâgneux et normaliens dans l'entre-deux-guerres*, Fayard, 1988.〔両大戦間時代の高等師範学校生と同受験準備級生〕.

87. Jean-François Sirinelli, *Deux intellectuels dans le siècle, Sartre et Aron*, Fayard, 1995.〔今世紀の二人の知識人，サルトルとアロン〕.

88. Antoine Compagnon, *La IIIe République des Lettres. De Flaubert à Proust*, Le Seuil, 1983.〔文学の第三共和国，フローベールからプルーストへ〕.
89. G. Heller, *Un Allemand à Paris*, Le Seuil, 1981.〔『占領下のパリ文化人』，大久保敏彦訳，白水社（1983年）〕.
90. G. Loiseau, *La littérature de la défaite et de la collaboration*, Publications de la Sorbonne, 1984.〔敗戦と対独協力の文学〕.
91. I. Galster, *Sartre, Vichy et les intellectuels*, L'Harmattan, 2001.〔ヴィシーと知識人〕.
92. Jacques Lecarme, « Sartre et la question antisémite », *Les Temps modernes*, n° 609, juin-juillet-août 2000.〔サルトルと反ユダヤ主義の問題〕.
93. Juliette Simon, « Sartre et la question de l'historicité. Réflexions au-delà d'un procès », *Les Temps modernes*, no 613, mars-avril-mai 2001.〔サルトルと歴史性の問題〕.
94. C. Morgan, *Les don Quichotte et les autres*, Guy Roblot Éd., 1979.〔ドン・キホーテたち〕.
95. J. Kanapa, *L'existentialisme n'est pas un humanisme*, Éditions Sociales, 1947.〔実存主義はヒューマニズムにあらず〕.
96. P. Bourdieu, « Sartre, l'invention de l'intellectuel total », *Libération*, 31 mars 1983.〔「サルトル，全体的知識人の創出」石崎晴己訳，『いまサルトル』思潮社（1991年）に所収〕.
97. M. Merleau-Ponty, *Les Aventures de la dialectique*, Gallimard, 1955.〔『弁証法の冒険』，滝浦／木田／田島／市川訳，みすず書房（1972年）〕.
98. S. de Beauvoir, *La Force des choses*, I, Gallimard, 1963.〔『或る戦後　上』朝吹登水子／二宮フサ訳，紀伊国屋書店（1965年）〕.
99. A. Camus, *Essais*, Gallimard, « Bibliothèque de la Pléiade », 1977.〔カミュ試論集，プレイヤード叢書〕.
100. Jean-Yves Guérin, *Camus et la politique*, L'Harmattan, 1986.〔カミュと政治〕.
101. N. Grimaldi, *Socrate*, le *sorcier*, PUF, 2004.〔魔術師ソクラテス〕

訳者略歴
一九四〇年生まれ
一九六九年早稲田大学大学院文学研究科博士課程満期退学
フランス文学・思想専攻
青山学院大学文学部教授

主要著訳書
『世界像革命』(編著、藤原書店)
アンナ・ボスケッティ『知識人の覇権』(新評論)
ピエール・ブルデュー『構造と実践』(藤原書店)
エマニュエル・トッド『帝国以後』(藤原書店)
ベルナール＝アンリ・レヴィ『サルトルの世紀』(監訳、藤原書店)

サルトル

二〇〇六年五月一五日 印刷
二〇〇六年六月一〇日 発行

訳者 © 石《いし》崎《ざき》晴《はる》己《み》
発行者 川村雅之
印刷所 株式会社 平河工業社
発行所 株式会社 白水社

東京都千代田区神田小川町三の二四
電話 営業部〇三(三二九一)七八一一
編集部〇三(三二九一)七八二一
振替 〇〇一九〇―五―三三二二八
郵便番号一〇一―〇〇五二
http://www.hakusuisha.co.jp
乱丁・落丁本は、送料小社負担にてお取り替えいたします。

製本：平河工業社

ISBN4-560-50900-X
Printed in Japan

文庫クセジュ

哲学・心理学・宗教

文庫クセジュ

762 キルケゴール
763 エゾテリスム思想
764 認知神経心理学
768 ニーチェ
773 エピステモロジー
778 フリーメーソン
779 ライプニッツ
780 超心理学
789 ロシア・ソヴィエト哲学史
793 フランス宗教史
802 ミシェル・フーコー
807 ドイツ古典哲学
809 カトリック神学入門
818 カバラ
835 セネカ
848 マニ教
851 芸術哲学入門
854 子どもの絵の心理学入門
862 ソフィスト列伝
863 オルフェウス教
866 透視術
874 コミュニケーションの美学
880 芸術療法入門
881 聖パウロ
891 科学哲学
892 新約聖書入門
900 サルトル

文庫クセジュ

歴史・地理・民族（俗）学

文庫クセジュ

769 中国の外交
781 カルタゴ
782 カンボジア
790 ベルギー史
791 アイルランド
806 中世フランスの騎士
810 闘牛への招待
812 ポエニ戦争
813 ヴェルサイユの歴史
814 ハンガリー
815 メキシコ史
816 コルシカ島
819 戦時下のアルザス・ロレーヌ
823 レコンキスタの歴史
825 ヴェネツィア史
826 東南アジア史
827 スロヴェニア
828 クロアチア
831 クローヴィス
834 プランタジネット家の人びと
842 コモロ諸島
853 パリの歴史
856 インディヘニスモ
857 アルジェリア近現代史
858 ガンジーの実像
859 アレクサンドロス大王
861 多文化主義とは何か
864 百年戦争
865 ヴァイマル共和国
870 ビザンツ帝国史
871 ナポレオンの生涯
872 アウグストゥスの世紀
876 悪魔の文化史
877 中欧論
879 ジョージ王朝時代のイギリス
882 聖王ルイの世紀
883 皇帝ユスティニアヌス
885 古代ローマの日常生活
889 バビロン
890 チェチェン
896 カタルーニャの歴史と文化
897 お風呂の歴史
898 フランス領ポリネシア

文庫クセジュ

語学・文学